国家出版基金项目
NATIONAL PUBLICATION FOUNDATION

中国乡村传统服饰与习俗

张晓虹 吴必虎 池建新◎主编

陈亚颦 焦敏 盛开新◎编著

中国传统村落文化抢救与研究

非物质文化系列（融合出版含视频）

深圳出版社

图书在版编目（CIP）数据

中国乡村传统服饰与习俗 / 张晓虹，吴必虎，池建新主编 . -- 深圳：深圳出版社，2023.5
（中国传统村落文化抢救与研究 . 非物质文化系列）
ISBN 978-7-5507-3716-7

Ⅰ.①中… Ⅱ.①张…②吴…③池… Ⅲ.①乡村－服饰－风俗习惯－研究－中国 Ⅳ.① K892.23

中国版本图书馆 CIP 数据核字 (2022) 第 241023 号

中国乡村传统服饰与习俗
ZHONGGUO XIANGCUN CHUANTONG FUSHI YU XISU

出 品 人	聂雄前
总 策 划	许全军
项目策划	南 芳 童 芳 朱丽伟
责任编辑	童 芳
特约编辑	林丽琴
责任校对	李新艳
责任技编	郑 欢
装帧设计	知行格致

出版发行	深圳出版社
地　　址	深圳市彩田南路海天综合大厦　（518033）
网　　址	www.htph.com.cn
订购电话	0755-83460239（邮购、团购）
设计制作	深圳市知行格致文化传播有限公司
印　　刷	中华商务联合印刷（广东）有限公司
开　　本	787mm×1092mm　1/16
印　　张	15.5
字　　数	194 千字
版　　次	2023 年 5 月第 1 版
印　　次	2023 年 5 月第 1 次
定　　价	398.00 元

版权所有，侵权必究。凡有印装质量问题，我社负责调换
法律顾问：苑景会律师 502039234@qq.com

"中国传统村落文化抢救与研究·非物质文化系列"
（融合出版含视频）
编委会
EDITORIAL COMMITTEE

丛书主编： 张晓虹　吴必虎　池建新

《中国乡村传统制作工艺与装饰艺术》

编委会主任：王　芳　李　良　陈金华
编委会成员：方世巧　汪秀芳　黄　洁
　　　　　　佟晓宇　胡亚美　马少思
　　　　　　周　灵　肖艳香　马泓宇
　　　　　　熊　静　刘振新　王　仟
　　　　　　赖俊武

《中国乡村传统婚丧习俗》

编委会主任：梁振民
编委会成员：梁煜东　麦麦提依明·马木提
　　　　　　郑　爽　冯诗琪　乔洪祥
　　　　　　陈　湖　孙　浩　张丽丽
　　　　　　赵鹏凯　杨富安　李向阳
　　　　　　孙　斌　闫文清　李雪凤
　　　　　　牛爱军

《中国乡村传统服饰与习俗》

编委会主任：陈亚颦　焦　敏　盛开新
编委会成员：曾寰洋　吴佳倚　杨小萍
　　　　　　吴世嵩　钱镜帆　张　溶
　　　　　　宋亚男　杨　强　蒲珍萍
　　　　　　杜　凡　张　淼

《中国乡村传统游戏与体育》

编委会主任：马慧强　廉倩文　王　清
编委会成员：李　哲　许一男　白　雪
　　　　　　谢东伶　马昊臻　李昱霏
　　　　　　刘嘉乐　刘玉鑫　李　薇

《中国乡村传统岁时民俗与民间信仰》

编委会主任：李　菲
编委会成员：王玲玲　黄书霞　周子璇
　　　　　　朱姝亭　地娜·努力巴合提
　　　　　　雷雅元

《中国乡村传统饮食与仪式》

编委会主任：侯　兵　马健鹰　林俊帆
编委会成员：金　阳　李红缘　张蕴涵

《中国乡村传统音乐与戏曲》

李　砚　编著

《中国乡村民间神话传说》

景秀艳　方田红　编著

致　谢

林丽琴　姜丽黎　周爱清　陈建茂　王荟杰　于小强　李旺娇　董晓琴

序言
PREFACE

古代中国以农为本。《国语·周语上》："宣王即位，不藉千亩。虢文公谏曰：'不可。夫民之大事在农，上帝之粢盛于是乎出，民之蕃庶于是乎生，事之供给于是乎在，和协辑睦于是乎兴，财用蕃殖于是乎始，敦庞纯固于是乎成，是故稷为大官。'"由此可知，早在周代，中原地区的人们就将农业作为国之根本。在此后两千多年中，农业一直是中国经济命脉之所系，直到近代工业革命来临。

农业经济下的中国传统社会，自然是以村落为基本组织单元，形成了一套基于农业文明的行为范式，并在历史的长河中发展变化，最终成为中国传统文化的重要组成部分。这些文化行为虽然在近代以后受到现代文明的冲击，但作为中国传统文化，它们一直存留在我国的乡村中，生生不息，成为中国文化的根本。

中国地域广大，民族众多，但无一例外，其传统文化都是以农业为基础，春耕夏耘，秋收冬藏，按照一年四季的时序轮转组织日常生产、生活。又因农事安排受气候、地貌、水文、土壤等要素的影响，而有着鲜明的地域特色。北麦南稻、东耕西牧，这种农业的地域差异自然导致了各地生活方式的不同，也使得传统文化有迥异的地域风情。

正是因为中国传统文化形成的这一历史地理背景，我们试图从传统制作工艺与装饰艺术、婚丧习俗、服饰与习俗、游戏与体育、岁时民俗与民间信仰、饮食与仪式、音乐与戏曲、民间神话传说等八个专题来呈现中国传统文化的特点及其地域差异，以反映中国历史的悠久、地域的辽阔和文化的丰富，也希望借此致敬中国传统文化。

中国传统文化博大精深，关涉到衣、食、住、行等物质文化，乡约民俗等制度文化，信仰、音乐等精神文化。但限于篇幅，我们不得不将最初颇为宏大的出版计划一再精简。以上八个专题被主编团队坚持保留下来，一方面是考虑到作者团队的专业构成，另一方面则要顾及尽可能将中国传统文化的特点表达出来。我们在选择作者时，对作者的专业背景、知识储备，甚至写作能力都严加要求，这是本套丛书质量的重要保障。事实上，在本套丛书的写作过程中，也有个别专业水平很高的作者因其文稿无法契合主旨而中途退出。我们对此深表遗憾，但为了丛书的整体性和独特性，也不得不忍痛割爱。最后保留下来的这八个专题，分别从物质层面、制度层面和精神层面出发，以达到既可以反映中国传统文化的特点，又与当今乡村生活保持密切联系的目标。

丛书采用融合出版的形式，利用数字技术为内容赋能，读者可通过扫描书中二维码观看相关视频资料。这种文字与影像相结合的新形式，能最大限度地挖掘文本价值，也能更立体地展现非遗项目全貌。然而受限于部分非遗项目的传承现状及其存世资料数量，短视频的拍摄制作困难重重，为了让读者获得更佳的阅读体验，我们唯有择其优者而用，这也导致各册短视频数量不等，是为丛书的遗憾之一。这同时也是在提醒我们，在网络科技高度发达的今天，应该充分发挥数字技术在非遗传承和保护中的重要作用，希冀能够引起广大读者重视。

丛书的顺利出版，得益于主编团队与出版社的精诚合作。吴必虎教授、池建新导演与本人在丛书策划和出版过程中一直保持着顺畅的沟通，深圳出版社的各位领导也一直关心着这套丛书的进展，提供了各种必要的保障。最应该表扬的是，作者团队以对中国传统文化的挚爱，对所承担部分尽心竭力，使得本丛书能高质量地如期完成。个人最想感谢的是林丽琴女士。本丛书全面正式启动时，正值新型冠状病毒感染疫情初起的2019年年底，其间我和林女士仅有为数不多的几次线下讨论，大量沟通是以微信的形式进行的。但她一丝不苟、精益求精以及耐心细致的工作作风，让我这个有"拖延症晚期"的人不得不停下手中的其他工作，专注于丛书的编纂。因此，看到丛书的顺利完成，我对她的感谢无以言表。从她身上，我也看到了新一代中国青年学人的品质和中国文化未来的希望。最后，希望读者能透过这套丛书了解目前仍保存在乡村社会中的中国传统文化，并为传承与弘扬中国传统文化奉献一己之力。是为序。

张晓虹

2022年岁末

目录

第一部分 概述 001

第一章
中国乡村传统服饰与习俗概述 / 002

第一节 中国乡村传统服饰与习俗的界定和简史 / 002
    一、乡村传统服饰与习俗论述对象的界定 / 002
    二、中国民间传统服饰与习俗简史 / 004

第二节 中国乡村传统服饰与习俗的特点 / 011
    一、古代民间服饰与习俗的特点 / 011
    二、现代乡村服饰与习俗的特点 / 013

第三节 中国乡村传统服饰与习俗的影响因素 / 015
    一、自然环境因素 / 015
    二、社会环境因素 / 020

第二章
中国乡村传统服饰与习俗的分类和意义 / 023

第一节 中国乡村传统服饰与习俗的分类 / 023

第二节 中国乡村传统服饰与习俗的意义 / 024

第二部分
各文化区的乡村传统服饰与习俗 031

第三章
中原文化区乡村传统服饰与习俗 / 032

第一节 中原文化区概述 / 032

第二节 中原文化区乡村传统服饰习俗 / 033
  一、回族服饰习俗 / 033
  二、裕固族服饰习俗 / 038
  三、土族服饰习俗 / 043
  四、撒拉族服饰习俗 / 047

第四章
关东文化区乡村传统服饰与习俗 / 050

第一节 关东文化区概述 / 050

第二节 关东文化区乡村传统服饰习俗 / 052
  一、朝鲜族服饰习俗 / 052
  二、达斡尔族服饰习俗 / 055
  三、鄂温克族服饰习俗 / 060
  四、鄂伦春族服饰习俗 / 062
  五、赫哲族服饰习俗 / 067
  六、满族服饰习俗 / 070

第五章
扬子文化区乡村传统服饰与习俗 / 078

第一节 扬子文化区概述 / 078

第二节 扬子文化区乡村传统服饰习俗 / 079
  一、苏州甪直水乡妇女服饰习俗 / 079
  二、赣南客家服饰习俗 / 081
  三、绍兴乌毡帽 / 085

第六章
东南文化区乡村传统服饰与习俗 / 087

第一节 东南文化区概述 / 087

第二节 东南文化区乡村传统服饰习俗 / 088
  一、惠安女服饰习俗 / 088
  二、畲族服饰习俗 / 091
  三、黎族服饰习俗 / 095
  四、丰泽蟳埔女服饰习俗 / 098

第七章
西南文化区乡村传统服饰与习俗 / 101

第一节 西南文化区概述 / 101

第二节 西南文化区乡村传统服饰习俗 / 102
  一、傣族服饰习俗 / 102
  二、苗族服饰习俗 / 106
  三、瑶族服饰习俗 / 110
  四、彝族服饰习俗 / 115

五、布依族服饰习俗 / 119
　　六、侗族服饰习俗 / 123
　　七、屯堡服饰习俗 / 128
　　八、水族服饰习俗 / 130
　　九、哈尼族服饰习俗 / 134
　　十、白族服饰习俗 / 136

第八章
蒙古文化区乡村传统服饰与习俗 / 140

第一节　蒙古文化区概述 / 140

第二节　蒙古文化区乡村传统服饰习俗 / 141
　　一、乌珠穆沁服饰习俗 / 143
　　二、鄂尔多斯服饰习俗 / 144
　　三、喀尔喀服饰习俗 / 147
　　四、阿拉善和硕特服饰习俗 / 148

第九章
新疆文化区乡村传统服饰与习俗 / 150

第一节　新疆文化区概述 / 150

第二节　新疆文化区乡村传统服饰习俗 / 151
　　一、维吾尔族服饰习俗 / 151
　　二、哈萨克族服饰习俗 / 156
　　三、塔吉克族服饰习俗 / 160
　　四、柯尔克孜族服饰习俗 / 162

第十章
青藏文化区乡村传统服饰与习俗 / 165

第一节 青藏文化区概述 / 165

第二节 青藏文化区乡村传统服饰习俗 / 166
  一、藏族服饰习俗 / 166
  二、珞巴族服饰习俗 / 171
  三、羌族服饰习俗 / 175
  四、僜人服饰习俗 / 178

第三部分
中国乡村传统服饰与习俗的保护和传承
181

第十一章
中国乡村传统服饰与习俗的当代价值 / 182

第一节 文化价值 / 182

第二节 应用价值 / 183

第十二章
中国乡村传统服饰与习俗保护和传承的现状 / 187

第一节 政策法规现状 / 187

第二节 保护方式现状 / 199
  一、抢救性保护 / 199
  二、生产性保护 / 200
  三、整体性保护 / 203
  四、立法保护 / 205

第三节 传承方式现状 / 206
  一、传承主体 / 206
  二、传承方法 / 207
  三、传承模式 / 209

第十三章
中国乡村传统服饰与习俗保护和传承的困境 / 211

第一节 传统服饰与习俗淡出日常生活 / 211

第二节 传统服饰制作技艺衰落或变异 / 214

第三节 传统服饰与习俗传承主体凋零 / 215

第十四章
中国乡村传统服饰与习俗保护和传承的策略 / 217

第一节 需求视角下中国乡村传统服饰与习俗的保护和传承 / 217

第二节 中国乡村传统服饰的生产性保护 / 219
  一、原型性再生产 / 219
  二、创新性再生产 / 220
  三、宣传与推广 / 222
  四、扶持与管理 / 223

第三节 中国乡村传统服饰与习俗的生活化传承 / 224

参考文献 / 226

后记 / 229

第一部分

概述

中国传统村落文化抢救与研究

非物质文化系列（融合出版含视频）

Chinese Traditional Villages

第一章
中国乡村传统服饰与习俗概述

中国又称"华夏",这个名称的由来与传统服饰有关。《尚书正义》注:"冕服采章曰华,大国曰夏。"《春秋左传正义》疏:"中国有礼仪之大,故称夏;有服章之美,谓之华。"中国自古就被称为"衣冠上国、礼仪之邦",而"衣冠"便成了文明的代名词。

第一节 中国乡村传统服饰与习俗的界定和简史

一、乡村传统服饰与习俗论述对象的界定

乡村,指主要从事农业、人口分布较城镇分散的地方。传统,指世代相传或相沿已久并具有的某种特点。服饰,指衣着和装饰。习俗,指习惯和风俗。

在中国,农业从远古时代开始,经历了刀耕火种、石器锄耕、铁犁牛耕等阶段,形成了以农业为主、手工业为辅的生产格局,并且一直持续了几千年。

中国是世界上人口最多的国家之一。得益于葛剑雄教授的《中国人口发展史》和其他学者的相关研究,我们得以窥见中国古代人口的分布和迁移概况。

中国早期城市产生于原始社会向奴隶社会过渡的时期，起源于传说时代的三皇五帝之都，初步形成于夏，形成于商代末期。其特点是分布范围不广、数量不多、城址迁移频繁。中国城镇体系初步形成于西周奴隶社会末期，渐形于春秋战国奴隶社会向封建社会转变的时期。这时的城市较早期城市分布更为广泛，政治、经济中心城市频繁迁移。秦汉时期，城市主要偏集于北方（黄河、淮河、海河流域）。魏、晋、南北朝至隋、唐时期，手工业城市、交通性城市大量兴起，小城镇也开始发展起来；城市等级规模差别加大，区域中心城市有了较大发展；在空间分布上，不仅表现为城市体系重心由黄河流域向长江流域转移，分布范围进一步扩大，而且出现了沿运河、沿江两条城市发展轴线。五代、宋、元时期，城镇等级结构日趋完善，基本上形成了州、县两级城镇网。明、清（鸦片战争前）时期，城市及镇的数量都较五代、宋、元时期有了较大的增长，地域空间结构上表现为沿江、沿运河、沿海城市发展轴线形成、发展和加强，以及西南、西北、东北等边陲地区城镇分布进一步扩展。1840—1949年，城镇体系在地域空间结构上，沿海和内地的不平衡性加剧。东部沿海地带（包括长江下游地区）是我国城镇集中分布的地区，沿江带次之，内陆地区很少，沿海、沿江两大城市发展带逐渐形成。1949年以来，城镇体系迅速发展，但城镇的分布、排列、组合仍具有地域差异和不平衡特征。

综合考虑从事农业、人口分布等情况，本书中难以详述某段时间我国某地是城镇还是乡村。

基于"中国古代是农业社会"得到公认，费孝通1948年在《乡土中国》中提出的"从基层上看去，中国社会是乡土性的"观点也得到广泛认可，再加上本书是《中国传统村落文化抢救与研究·非物质文化系列》中的一册，被列入国家级、省级（自治区级）非物质文化遗产代表性项目名录的大部分是少数民族服饰，以及资料不足致使梳理历朝历代少数民族服饰的难度巨大，因此本书第一部分以汉族民间传统服饰和相关服饰习俗为主要论述对象，第二部分主要介绍被列入国家级、省级（自治区级）非物质文化遗产代表性项目名录的传统服饰和相关服饰习俗，第三部分论述整个中国乡村传统服饰和相关服饰习俗。

二、中国民间传统服饰与习俗简史

作为"四大文明古国"之一，中国是世界上最早产生服饰文化的国家之一，服饰起源可以上溯至原始社会人们用树叶、动物毛皮等做成的衣服。《鉴略·三皇纪》记载："袭叶为衣裳。"《物原·衣原》记载："有巢始衣皮。"先秦、秦汉、魏晋南北朝、隋唐五代十国、两宋、元明清、近现代，中国在各个历史时期都形成了一定特色的服饰和习俗。因服饰实物难以保存，史料记载又有限，古代乡村传统服饰与习俗只能从民间服饰与习俗中窥见。

（一）先秦时期的民间服饰与习俗

对于原始社会，人们知之甚少。在人类脱离动物境界的猿人时期，人类开始从事渔猎、采集活动，通过披挂树叶、动物毛皮来蔽体，初具原始服饰的雏形。

从考古发现来看，北京周口店山顶洞人遗址出土了1枚骨针和100多件钻孔的石、骨、贝、牙装饰品，当时应该已能进行简单的缝制。新石器时代，纺轮在遗址和墓葬中大量出土；陕西半坡遗址、泉护村遗址出土的陶器上每平方厘米约有经纬线各十根的印痕，浙江河姆渡遗址出土了苘麻的双股麻线和三股草绳，江苏草鞋山遗址出土了编织的双股经线葛布，浙江钱山漾遗址出土了丝帛（绢片）、丝带和丝绳，新疆罗布泊出土的古尸身上裹着粗毛织品，福建武夷山船棺（距今3200年）内出土了青灰色棉（联核木棉）布……

对于衣服为何人创造，从史料记载来看，制衣传说主要集中在胡曹、伯余、黄帝三人。《吕氏春秋·勿躬》记载："胡曹作衣。"《世本·作篇》记载："伯余作衣裳，胡曹作衣，胡曹作冕，于则作扉履。"《淮南子·修务训》记载："胡曹为衣。"《淮南子·氾论训》记载："伯余之初作衣也，䃼麻索缕，手经指挂，其成犹网罗。后世为之机杼胜复，以便其用，而民得以掩形御寒。"《周易集解》引《九家易》注曰："黄帝以上，羽皮革木，以御寒暑。至乎黄帝，始制衣裳，垂示天下。"相关文字记载还有很多，其中胡曹、伯余都是黄帝之臣，始制衣的时间节点都在黄帝时期。

夏商周时期，冠服制度逐渐形成，贵族服饰与民间服饰逐渐分化。夏代是我国历史上第一个从原始社会跨入奴隶社会的朝代，手工业从农业中分离出来。夏代的服装样式和纹样至今尚未发现相关实物资料。商代，手工业的分工日趋精细和专业化。至于商代服装的形制，从商代墓葬中出土的玉、石、陶制人像中可以得到一些较直观的参考资料。周初，朝廷开始对纺织手工业实行全面管理，纺织工艺技术进步，服装逐渐等差系统化、制度化。[1]周代初期，民间服装的基本形制是上衣下裳，以质料粗陋的襦衣——"褐"为主，色彩大多为白色、绿色、黑色。周代末期，深衣（上衣下裳连在一

---

[1] 陈东生，甘应进. 新编中外服装史[M]. 北京：中国轻工业出版社，2010.

起）已经开始形成，它既是士大夫的服饰形制，也是普通阶层的礼服形式，男女皆可穿。

春秋战国时期，诸侯割据称雄，诸子百家在衣冠服饰方面各执己见，各地人民的服饰与习俗存在着较大差异。纺织技术、裁剪与装饰技艺的进步，推动了深衣的流行。但吴越之地多水中劳作，深衣的长度显然不适合平民百姓穿着。越王勾践被擒之后，吴王夫差对其百般羞辱，越王"服犊鼻，著樵头，斫剉养马，夫人衣无缘之裳，施左关之襦……"。犊鼻式样为一种短裤，呈三角状。樵头是指头发盘起后，用布包裹。勾践的夫人则穿着没有装饰的贫民衣裳。① 同时，各少数民族交往频繁，窄袖短衣、长裤的胡服和带钩出现在中原服饰中。

（二）秦汉时期的民间服饰与习俗

秦结束了春秋战国以来的诸侯分裂，成为中国历史上第一个中央集权国家。汉代"承秦后，多因其旧"。秦汉时期的冠服制度更为精细，百姓被规定不得服杂彩之衣，只能着麻布素衣。黑色为秦代服装的主要颜色，秦人常以三尺② 黑布包头，故秦代百姓又称"黔首"。至西汉末，平民才能着青绿之衣，但商人还不能服华丽衣饰。③

秦代男性多穿袍，为深衣制，上衣下裳分开裁，腰间缝合，领口右衽，袖口窄小，领和袖一般有花边装饰，多菱形纹、方格纹等。

西汉初期，深衣仍然是较常见的日常服饰，但衣襟接长，向后

---

① 刘文，梅新林，陈玉兰.江南服饰史[M].上海：上海古籍出版社，2017.
② 秦代一尺约为23.2厘米。
③ 孙建君.中国民间美术教程[M].天津：天津人民出版社，2005.

拥掩，即所谓"续衽钩边"，既欠便利，又费布帛。东汉时为直裾，又称"襜褕"，它是一种较长的单衣，男女通用的非正式之服。襦衫为汉代的一般服装。男性日常装束是襦、裤、布裙，农民常穿束腰短衣，庶人可穿白袍。女性常服是襦裙，襦是一种长至腰间的短衣，衣身较短，衣袖较宽，裙是一种上窄下宽的平面布片，用细绳围系在腰部，裙长及地。

秦汉时期，人们所戴的帽子有冠、冕、弁、帻、巾、幞、胡帽等，贵族多戴冠，平民多束巾。[①]到了东汉末年，不仅一般的劳动者束巾，一些王公贵族也以戴头巾为雅，头巾成为各阶层共有的服饰。

（三）魏晋南北朝时期的民间服饰与习俗

魏晋南北朝是中国历史上第二次社会大分裂时期，也是民族大融合时期，服饰整体风格与前朝后代大相径庭。汉族服饰一方面保持着自己传统的服饰特征，另一方面汲取了北方游牧民族服饰的一些特点；北方游牧民族客观上受到汉族服饰的影响，主观上也有意接受汉族的服饰制度。

汉族男性的袍服，无论尊卑，皆日渐宽博。另外，男性常服还有袍襦、裤裙。汉族女性的服饰也以宽博为特点，样式有衫、袄、裙等，有的女性头发绾成环状髻。[②]

北方游牧民族着"裤褶"，下身穿裤，上身穿褶，褶类似于短袍，比襦稍长，大袖、左衽。裤褶传入汉族后，改为右衽，上身为长至膝盖的大袖衣，下身为大口裤，男女皆穿。裲裆也是从北方游

---

① 齐涛，李泉，赵世瑜.中国通史教程：古代卷[M].3版.济南：山东大学出版社，2004.
② 赵鲁宁，李子.中国民间美术[M].成都：电子科技大学出版社，2018.

牧民族传入的，裲裆亦作"两裆"，大多是用布帛制作的，只有两片衣襟，没有袖子，可以有夹里或絮棉，男女都可以穿，女性穿的常有彩绣。脚上穿屐，男屐为方头，女屐为圆头。

民间头饰主要是头巾、风帽，从文人儒生到普通男性都戴头巾，风帽也常用。庶民男性大多戴乌帽。女性头发梳成各种样式的发髻，扎头巾。

（四）隋唐五代十国时期的民间服饰与习俗

隋唐时期，服饰文化在华夏传统的基础上，吸收其他地域的文化而推陈出新。五代十国时期，服饰大体沿用唐代之制。

在颜色方面，隋代庶人用白色，屠户、商人用黑色。唐高祖"武德初，因隋旧制，天子宴服，亦名常服，唯以黄袍及衫，后渐用赤黄，遂禁士庶不得以赤黄为衣服杂饰"，尽管士庶不能穿黄色，但官员还可以穿。到了唐高宗总章年间，"既而天子袍衫稍用赤、黄，遂禁臣民服"，从此黄色成为皇帝专用颜色。①

唐高祖武德四年（621），庶人、奴婢许穿绸、布料服装。唐太宗时期，袍子加襕，庶民用白色。唐文宗时期，没有官身的人只能穿粗葛布料子的衣服，用绿色铜带或铁带。后唐明宗天成二年（927），"庶人商旅只著白衣，此后不得参杂"，规定商人与农民穿同样的衣服。②

隋唐男性大多穿圆领或翻折领的窄袖袍衫，或胯骨以下开衩的"缺胯袍"，腰间配革带。女性大多穿裙、衫、帔、半臂等，上衣的

---

① 华梅.东方服饰研究[M].北京：商务印书馆，2018.
② 冯尔康，南开大学历史学院.师友述怀·序跋札记[M].天津：天津人民出版社，2019.

袒领为当时女性服饰的一大特色。唐代女性的裙子由几片布拼接起来，束至胸部以上，裙身刺纹绣，称为高腰襦裙。条纹裙也很流行，早期条纹较宽，晚期条纹较窄。衫比襦长一点，女性为了方便劳作常穿窄袖衫。帔似一条长围巾，披在肩上，绕在手臂上。半臂是一种短袖外衣，唐代前期比较流行。另外，唐代民间女性着胡服、男装的情况也不少见。

文武百官、庶民百姓都穿靴子，样式略有差别。女性大多穿轻便的线鞋和蒲履，庶人妻女不能穿五色线靴和履。南唐时出现女性缠足现象，弓鞋逐渐流行。

（五）两宋时期的民间服饰与习俗

宋立国后，进行了三次规模较大的服制修订，庶民百姓服饰也规范在内。宋代服饰有直缀（又作直裰）、袍、襦、衫、褐衣、袄、褙子、半臂、裹肚、裙、裤等。其中褙子最具特色，一般穿在其他衣服外面，对襟，两侧开衩，男女都穿，在女性中较盛行。女鞋有凤鞋、平头鞋、弓鞋、靸鞋。百姓头饰主要是幞头、巾，文武百官与平民百姓的幞头形状不同。民间盛行戴巾，其中东坡巾（又称乌角巾）较流行。

辽代契丹人的普通服装男女同制，垂膝长袍，袍色较暗，圆领左衽，窄袖；腰间饰皮围，束带；下身为套裤，腰间系结固定，裤腿塞于靴筒内。男性髡发，女性梳髻。

金代女真族服饰特点为左衽、窄袖、着靴，材料以毛皮为主，也用布帛。庶人许用绸、绢布、毛褐、花纱、无纹素罗、丝绵做衣料，头巾、腰带、领帕准用芝麻罗制作。男性辫发垂肩，女性辫发盘髻。

游牧民族与汉族服饰也互相影响：女真族引入汉族袍服、长裙等；契丹的圆领长袖套头装，北宋士庶男女仿效者甚众，因其追求瘦、窄、长，符合宋代女性审美心态，成为女性常服之一。[1]

（六）元明清时期的民间服饰与习俗

元代，庶人的服饰不得为赭黄，许用暗花纻丝、丝绸、绫罗、毛毳，帽笠不得饰金玉，靴子不能增加花样，娼妓贱民只许用黑色褙子。男性为袍服，下层百姓常在袍服上罩短袖衫，头饰以幞头为主，有多种扎巾、裹巾的方法，蒙古族男性多戴瓦楞帽。女性以左衽长袍居多，里为套裤，首饰可以用翠花，另加金钗各一。

明初，服饰形制简朴。洪武年间，士庶不能用黄色，以穿杂色盘领衣为主；农夫戴斗笠、蒲笠；民间禁用锦绮、金绣、绫罗、纻丝等材料和蟒龙、飞鱼、斗牛、大鹏等纹样。[2]明代中期，服饰逐渐繁奢。男性大多穿直缀、罩甲、曳撒、褡护、褶子、裤、袴、衫等，女性服饰主要有衫、袄、霞帔、褙子、比甲、裙子等。明末，民间服饰逐渐趋向新颖、奇异，如男装女性化，女性穿着用各种颜色的布料拼接的"水田衣"等。男性常穿长筒式履，南方劳动者穿蒲鞋；女性缠足现象普遍，弓鞋有平底、高底两种，另外还有睡鞋、凤头鞋、云头鞋等。头饰以帽、巾为主。

清代，男性主要穿袍、马甲，着靴、鞋、袜，留长辫，戴瓜皮帽，农民、商贩等劳动者戴毡帽、草帽。女性沿用上衣下裳形制，上衣有袄、袴、衫、马甲，下裳有裙、裤；衣饰多镶滚绣，有

---

[1] 黄士龙.中西服饰史[M].上海：东华大学出版社，2014.
[2] 孙建君.中国民间美术教程[M].天津：天津人民出版社，2005.

"十八镶十八滚"之说，袖口增大；缠足女性穿弓鞋，多高底，鞋头常有璎珞、铃铛等装饰，另有各种拖鞋、睡鞋、木屐等；额头上戴包头和眉勒，北方有类似帽套的"昭君套"。老年人戴风帽。

（七）民国和民国以后的民间服饰与习俗

民国初期，民间基本延续了清末的服饰。西方文化传入后，西式服装开始流行。20世纪20年代，农村男性穿对襟上衣、长裤，女性大多上身穿大襟右衽衩衫，下身穿长裤或裙子。20世纪50年代后，农村男性服装仍为上衣下裤，女性服装有的是上衣下裤，也有的是上衣下裙，还有穿连衣裙的，呈多样性。[①]

时至今日，许多民族只在婚丧嫁娶、节日庆典、宗教活动等场合穿传统服饰，日常穿着打扮丰富多样，有的已很难从服饰上辨清他们的族属了。

第二节 中国乡村传统服饰与习俗的特点

一、古代民间服饰与习俗的特点

第一，服色不得逾制。历朝历代政府制定服饰规制，在服装样式、质料、颜色、饰物方面作出规定，并强制施行，各阶层都不得违规，特别是对社会下层和贱民，监督比较严格。这种监督一是来自官方，依法处理，如《元史·舆服》中记载："服色等第，上得

---

① 崔荣荣.汉民族民间服饰[M].上海：东华大学出版社，2014.

兼下，下不得僭上。违者，职官解见任，期年后降一等叙，余人决五十七下。违禁之物，付告捉人充赏。有司禁治不严，从监察御史、廉访司究治。"一般人违反规制，得挨 57 板，服饰被没收，赏给告发人。二是来自民众，高服制的人不允许低等次的人穿着本等次的衣服，同等次的人也不愿意看见本等次的人服饰变成高档次，如清初叶梦珠在《阅世编》中所说，若平民出身的读书人没有取得功名，就穿上秀才的服装，士人必然"群起而哗之"，指斥他到"无颜立于人世"的地步。[①] 总的来说，百官、士人、农民、工匠、商人、士卒等都有特定的服饰，不得逾制。

第二，具有历史延续性。在向后世延续时，服饰与习俗一般保留着原有的民族特色，可以跨越几个世纪、几个朝代而不发生根本性变化。有的民族产生前后或在几个民族融合、分化的过程中，服饰与习俗仍然具有明显的民族特点。其中不仅蕴含着服饰技艺的传承，还有服饰审美情趣的延续。比如活跃在西北地区的羌人，是藏族先祖之一，藏族的宽袍大袖可以从先民羌人服装上得到印证。

第三，具有地理区域性。从整个中国来说，南北方人民的服饰因为遮阳或保暖的需求不同，各具特点；农耕区和游牧区因生产、生活需要和服饰原材料的区别，也有不同；同一民族的服饰在总体共性特征之外，受不同地理环境、区域文化的影响，也存在着一定的差别。

第四，具有文化交融性。中国古代经过多次大规模的民族融合，最后形成以汉民族为主体、多民族共同发展的统一的国家。文化交融体现在服饰方面，不仅中原汉族与周边少数民族服饰互相借

---

① 冯尔康.古人社会生活琐谈[M].长沙：湖南出版社，1991.

鉴，当政少数民族与汉族服饰互相影响，东西南北不同地域之间也有服饰文化交流，还有中外服饰文化交流。古代具有代表性的服饰文化交流有春秋战国时期的"胡服骑射"，魏晋南北朝时期的"南北融合"，唐、宋、元时期的"各族交流"，明末清初的"汉从满制""满汉融合"，清末的"西风东渐"。①

第五，具有实用性与审美性。关于服饰的起源，学术界有很多说法，如保护说、装饰说、巫术说、遮羞说、性吸引说等。不论哪种说法，服饰都具有实用性，保暖御寒、遮风挡雨、保护身体；装扮自己，炫耀自己的特征和能力；等等。至于审美性，服饰的产生、发展反映着人们的审美心理和审美情趣，而且随着文明的发展，审美功能越来越显著。质料、形制、颜色、工艺等相互关联，共同形成了服饰的形式美、自然美、艺术美、和谐美。

二、现代乡村服饰与习俗的特点

第一，服饰禁忌仍然存在。现代人穿衣自由，但有一些传统禁忌仍有少部分人固守。例如已婚男性忌讳戴绿色帽子，据传源于元代至元五年（1268）的规定："娼妓之家，家长并亲属男子，裹青（绿）头巾。"还有"歪戴帽子——心不正""敞胸露怀——二流子"等俗语。此外，也有一些新的服饰禁忌，比如严冬穿衣不宜过多，牛仔裤不宜久穿，外衣、内衣、袜子不可一起洗等。

第二，濒危性与变异性共存。环境的变化、文化的变迁、经济状况的改善、审美价值观的转变等，使许多人舍弃了传统服饰。从

---

① 卞向阳，崔荣荣，张竞琼，等. 从古到今的中国服饰文明[M]. 上海：东华大学出版社，2018.

原材料来说，有的民族传统服饰是用动物毛皮、天然植物染料制作的，在原材料受限的情况下，传统服饰难以制作；从服饰制作技艺来说，有的传统服饰制作技艺非常烦琐，老一辈服饰制作人年事已高，甚至去世，掌握传统服饰制作技艺的人越来越少；从穿着的人来说，有的传统服饰穿着不便、不舒适、不够新潮，人们更愿意穿简单的现代服装。随着时代的发展，即使是传承下来的传统服饰，其外在形式、文化内涵等也有不同程度的变异。

第三，地方服饰习俗仍然存在。经过几千年的发展，各地仍保留着一些服饰习俗，一般体现在婚丧嫁娶服饰方面。如婚服经历了周代的玄纁色，唐代的青色，明清的赤红色，民国的粉、白、红色等过程，形成了现今传统婚服用红色、西式婚纱用白色的习俗。[①] 一般丧服为白色，丧服使用白色是从周代开始的。人去世之后，要给逝者换上新衣服，有的地方讲究男寿衣为双数件，女寿衣为单数件；有的地方则讲究丧服要有七件套，称作"四领三腰"。

第四，西风东渐之势仍在继续。虽然现在偶有"逆全球化"的浪潮出现，但全球化依然是未来的方向和趋势。在这种背景下，我国大部分地区人们的日常服饰都是西式服饰，即使身处乡村，也有时尚达人追赶欧美地区的时尚潮流；民族传统服饰成了盛大节日时的礼服或者舞台装，日常生活中较少穿着。在质料、制作方面，中国服饰也受到西方的影响，且服饰区分功能日渐减少，整体风格变得简便、大方。

第五，实用性与审美性仍然兼具。在遮蔽、保护身体这一实用功能之外，现代人总体来说越来越注重服装的美观。在服饰审美方

---

① 陈卓. 中国婚礼服色彩、款式的文化研究[D]. 西安：陕西师范大学，2015.

面，有各种各样的观点和流行风格，各种服饰形制、颜色都有一定的流行时间，有"时尚是个轮回"的说法。

第三节　中国乡村传统服饰与习俗的影响因素

一、自然环境因素

从衣皮带羽到繁丝锦绣，自然环境对传统服饰影响深远：一是区域性的地形、气候、水文等自然因素相对直接地影响服饰；二是区域地理环境通过影响某民族或地区的生产方式、审美心理，间接影响服饰。人们很早就注意到了受自然环境影响而呈现不同服饰与习俗的情况，《礼记·王制》记载："东方曰夷，被发文身……南方曰蛮，雕题交趾……西方曰戎，被发衣皮……北方曰狄，衣羽毛、穴居……"

中国地形多种多样，有雄伟的高原、起伏的山岭、广阔的平原、低缓的丘陵，还有四周群山环抱、中间低平的盆地。地势西高东低，大致呈三级阶梯状分布。这种地形、地势影响了气流运动，使各地气温、降水有很大差异。东部属季风气候（又可分为热带季风气候、亚热带季风气候和温带季风气候），西北部属温带大陆性气候，青藏高原属高寒气候。这些自然条件影响了服饰的样式、颜色和质地：南方因为气候炎热，人们常穿单薄的短衣和裙子，衣料多为不易吸热的浅色，服饰具有轻、浅、薄的特点，过去常以麻、棉等为原料；北方因气候寒冷，人们多穿厚重的棉衣、皮衣，衣料多为容易吸热的深色，服饰具有重、深、厚的特点，过去常以动物的毛皮或经过不同程度加工的毛织品为原料。

　　从样式来说，俗语"北穿棉袄南裹纱"非常形象地说明了自然条件对服饰样式的影响。冬季，大兴安岭及其附近地区最低气温可以降到-50℃左右，生活在这里的鄂伦春族过去头戴狍皮帽，身穿狍皮衣裤，手戴狍皮手套，脚穿狍皮鞋。狍皮有大毛、青毛、红毛之分，不同季节的狍皮，可以制作不同的服饰。秋冬两季的狍皮毛长而密，皮厚结实，防寒力强，适宜做冬装。夏季的狍皮毛短而疏，适宜做春季、夏季的衣装。鄂伦春人冬季穿大毛皮袄，春秋两季穿青毛皮袄，夏季穿红毛皮袄。[①]平均海拔4000米以上的青藏高原，辐射强，日照多，气温低，积温少，气温日较差大；干湿分明，多夜雨；冬季漫长干冷，大风多；夏季温凉多雨，冰雹多。藏族人冬季用来御寒的袍子是藏袍，皮制，长袖、宽腰、肥大、超长，天热时只穿左袖，再热时把左袖也脱下束在腰间，灵活方便。云南西双版纳没有四季之分，冬季和夏季的服装相差不大，有"四季同穿戴"之说。过去傣族女性身穿首尾相连的一块花布，形成筒状，三折两裹，在腰间别紧，称为"筒裙"。新疆由于昼夜温差大，有"早穿皮袄午穿纱，围着火炉吃西瓜"的说法。

　　从颜色来说，过去人们常采用植物、矿物做染料，自然条件影响着服饰色彩。早在商代，人们已使用丹砂等矿物，槐花、栀子、栎等野生植物，蓝草、茜草、紫草等种植植物做染料。以苗族为例，苗族将白布平铺，用蜡刀蘸蜡汁绘于布上，然后投入染缸用蓝靛浸染，染好捞出用清水煮沸，蜡熔化后就形成了蓝底白花或白底蓝花布。服装的刺绣图案颜色也受到自然的影响，我国很多民族的女性

---

① 刘广玉.中国民俗风情地图[M].北京：中国时代经济出版社，2008.

图 1-1
鄂伦春族女童皮服

都心灵手巧，自然界中的植物、动物都成为刺绣题材。另外，在寒冷地区，人们的服饰色彩多以吸光性强的深色和暖色为主；在炎热地区，人们的服饰色彩常以白色或浅亮的颜色为主，因为白色和浅亮的色彩反光性强，可以减少日晒，在穿着和视觉方面也可以减少炙热感；生活在干燥恶劣环境中的人们，还会形成对所缺色彩的特殊向往，如长期生活在沙漠中的人，往往渴望绿色。①

从质地来说，早期服饰原材料取之于自然，必然受到自然资源的影响。麻布是用黄麻、苎麻、亚麻、洋麻等各种麻类植物纤维制成的，葛布是用植物葛制成的，丝织品是用熟蚕结茧时分泌的丝液凝固而成的连续长纤维制成的，毛织品是用动物的毛制作的，棉织品是用棉花制作的，北方游牧民族的毛皮衣服源于渔猎或蓄养的动物。以赫哲族鱼皮服饰为例，鱼皮经赫哲族处理后，可以制成日常生活中所需要的衣物，如上衣、下裤、鞋、手套、帽子等，被称为"写在身上的神话""穿在身上的史书"。晚清诗人沈兆禔对鱼皮服装有生动描述："鱼皮柔共兽皮夸，五色相辉映日华。裁作衣裳为袜线，天留文锦与渔家。"

在饰品方面，人们最初是以石块、骨牙、贝壳等为材料，后来又出现了陶质、玉质、铜质装饰物。在北京周口店山顶洞人遗址中，就发现了用石珠、骨珠、兽牙、海贝壳等经钻孔后穿成的佩饰。

---

① 高星.民族服饰色彩的地理文化透视[D].武汉：湖北美术学院，2007.

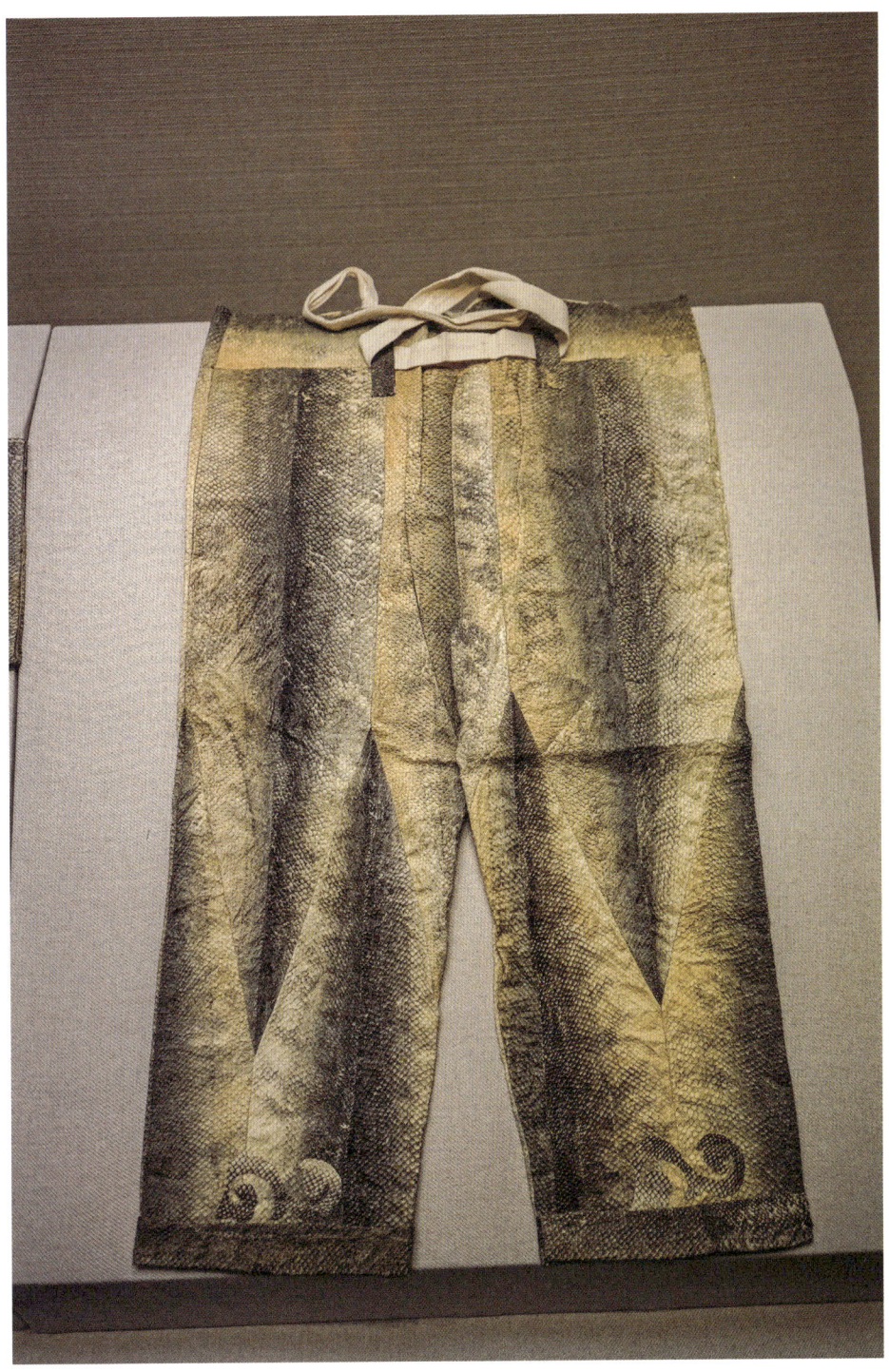

图1-2 赫哲族鱼皮裤

二、社会环境因素

服饰作为一种文化表征,社会环境对它的影响是多方面的。

在经济方面,手头不富裕的时候,人们首先要解决吃饭的问题,对服饰不会太关心;经济情况好的时候,人们才有财力和精力关注服饰,不仅社会有提供多种服饰的物质基础,人们也有相应的经济能力、闲暇时间来购买或制作。另外,无论是从事农耕,还是过着游牧生活,乡村日常服饰的特点都是方便生产、生活的,比如过去藏族是游牧民族,他们经常搬家,所以不能购置固定的财产或不易搬动、携带的东西,于是将主要的财产换成珠宝戴在身上。

政治因素对乡村服饰的影响主要体现在古代。原始社会时期,人们用树叶、兽皮做衣服,用石头、贝壳装饰,服饰色彩是天然的,样式、质地也相差不大。进入奴隶社会后,逐渐建立了冠服制度。伴随着封建制度的确立和发展,封建文化也随之形成和发展,在统一大势之中,各地文化交流使百姓服饰互相借鉴。从整个封建社会历史来说,百姓服饰的质料、样式、纹饰、色彩等都被冠服制度不同程度地限制着,比如只能穿粗疏的葛麻织物,不得"僭用金绣",不得"金线装饰",不得"缎绣"等。[①]战国时期,赵武灵王实行"胡服骑射"改革,改中原服饰为胡服;元代在服饰款式和制度方面借鉴与吸收汉族的精华,把汉族服饰制度运用到蒙古族服饰中;清初以暴力手段推行剃发易服,清末准臣民自由剪发、禁止缠足等。这些政策都对传统服饰造成了影响。

---

① 王蕊.政治制度和社会价值对中国古代服饰演变的影响[J].沈阳农业大学学报(社会科学版),2010,12(2):250-252.

传统文化对服饰的影响深远。儒家文化、道家文化都是中国本土文化，其中儒家礼制思想、尊卑观念和道家"五行""五色"之说被结合起来，赋予色彩社会属性，不仅改朝换代要易服色，不同身份的人，其头饰、服装色彩和面料等也不同；中庸之道和"天人合一"思想反映在服饰方面，就表现为趋同、从众、随大溜，服饰材料、款式、色彩、图案等相得益彰，显得人稳重、优雅、大方、端庄；新儒学的代表——程朱理学使人们的审美标准更趋向理性，服饰用色讲求质朴和洁净，服饰造型讲求"便身利事"。[1]伊斯兰教、佛教等外来文化在中国历史久远，主要影响宗教礼仪活动服饰款式和图案，如伊斯兰教禁止偶像崇拜，故穆斯林的服饰不能用动物、人物的图案进行装饰。

自古以来，中原和边疆的人民就你来我往、频繁互动，服饰方面趋于融合。东晋时，葛洪便在《抱朴子·外篇·讥惑》中说："丧乱以来，事物屡变。冠履衣服，袖袂财（裁）制，日月改易，无复一定。乍长乍短，一广一狭，忽高忽卑，或粗或细，所饰无常，以同为快。"宋代沈括在《梦溪笔谈》中说："中国衣冠，自北齐以来，乃全用胡服。窄袖、绯绿短衣，长靿靴，有蹀躞带，皆胡服也。窄袖利于驰射，短衣、长靿皆便于涉草。"《揽辔录》《续资治通鉴》等许多典籍中也有类似记载。

纺、染、织、绣技术的发展直接影响服饰的方方面面。中国早在旧石器时代就已经出现了染色的意识和技术，在北京周口店山顶洞人遗址中就发现了赤铁矿粉末和被涂染成赤色的石珠、鲩鱼骨等饰品。新石器时代，人们将野麻纤维整理加工制成麻布，进而缝制

---

[1] 林琳. "程朱理学"对宋代服饰审美特点的影响[J]. 兰台世界，2015（24）：43-44.

衣服。夏商时期，除了从矿物中提取的染料以外，许多野生植物也被用来做染料；商周时期，人们已经能够利用红、黄、蓝色染出多种颜色了。战国时期丝织品出现了多种色彩，发展到汉代，其色彩有20多种。东汉的蜀锦由于加入了金色，显得更为富丽堂皇。隋唐时期调色技术趋于成熟，纺织工人能够造出让全世界叹服的锦缎和金锦。经过宋、元、明、清时期的发展，纺织技术更加成熟，色彩趋于繁丽，配色被当作服饰色彩的重要部分来设计。①

从人们对服饰的需求来说，除了实用与美观以外，还有求廉、求同、求新、求奇等心理。求廉者一般只求满足蔽体、防寒、保暖等基本服饰功能，求同指不追求个性化服饰，求新指追求新颖、时尚的服饰，求奇指要求与众不同。这些都是影响服饰的心理因素。

此外，人是群居动物，服饰为社会文化的一部分，人们在穿着方面不是任意的，除了受到气候、经济水平等影响外，还受到风俗习惯、生活智慧、民间礼仪、道德禁忌等约束。比如有些少数民族，未婚女性和已婚女性的服饰不同；白色衣服不耐脏，黑色衣服吸灰；婚丧嫁娶等场合不同，服饰也不同；"男不露脐，女不露皮"；等等。

---

① 崔璨. 中国传统服饰的色彩演变及影响因素分析[J]. 山东纺织经济，2017（7）：42-44.

第二章
中国乡村传统服饰与习俗的分类和意义

第一节　中国乡村传统服饰与习俗的分类

中国传统服饰有多种不同的分类方法。按穿着者的性别、年龄，可以分为男性服饰、女性服饰，儿童服饰、青年人服饰、中年人服饰、老年人服饰等。按时间，先秦、秦汉、魏晋南北朝、隋唐五代十国、两宋、元明清、近现代，每个时期的服饰都有鲜明的特色。按穿着的场合，可以分为日常服饰、节日服饰、礼仪服饰等。古代还有按穿着者的等级、地位、职业等来分类的。

中国自古以来就是一个统一的多民族国家，中华人民共和国成立后，各民族大杂居、小聚居，相互交错居住，56个民族的服饰与习俗各具特点，共同形成了多元、复杂的中国传统服饰文化。

中国传统服饰文化是中国传统文化的重要组成部分，中国传统文化博大精深、源远流长。北京大学教授吴必虎采用四项影响农业文化景观的自然指标（三级阶梯地形界线、四百毫米年降水量线、农业气候区划和自然地理区划）和四项社会经济指标［民族分布区、人口区（包括胡焕庸线）、农业区和经济区界线］，将中国文化区划分为东南部农业文化大区和西北部牧业文化大区，东南部农业文化大区之下又分为中原文化区、关东文化区、扬子文化区、东南文化区、西南文化区五个区,西北部牧业文化大区又分为蒙古文化区[①]、新疆文化区和青藏文化区。

因此,本书从非物质文化遗产角度,按中原文化区、关东文化区、扬子文化区、东南文化区、西南文化区、蒙古文化区、新疆文化区、青藏文化区,探讨被列入国家、省、市、县级非物质文化遗产代表性项目名录中的服饰和服饰习俗。

第二节　中国乡村传统服饰与习俗的意义

中国疆域辽阔,自然环境和社会环境多样,在此基础上形成了不同的物质文化和精神文化。表现在地域上,就是形成了不同的地域文化区。文化区是指某种文化特征或属于某一文化系统的人在空间上的分布。按照文化区的形态,文化区可以分为形式文化区、功能文化区、乡土文化区(或称"感觉文化区")三类,目前最常用的是形式文化区。形式文化区的边界较模糊,但人们对文化区的大致范围、主要特征等有一定程度近似的理解。

根据第七次全国人口普查公报,全国人口中,汉族人口为1286311334人,占91.11%;各少数民族人口为125467390人,占8.89%。全国人口上千万的少数民族有壮族、维吾尔族、回族、苗族和满族5个民族,人口上百万的有彝族、土家族、藏族、蒙古族、布依族、侗族、瑶族、白族、哈尼族、朝鲜族、黎族、哈萨克族、

---

① 本书中"蒙古文化区"的"蒙古"指内蒙古,后同。之所以表述为"蒙古文化区",是为了尊重学者及其观点。

图 2-1 土家族服饰

傣族等 13 个民族，人口少于 10000 人的有鄂伦春族、独龙族、赫哲族、珞巴族、塔塔尔族、高山族等民族。[①] 少数民族广泛分布于全国各地，各民族在保持民族特征的同时，交流、交融程度日益加深，必将继续对传统服饰产生影响。

  传统服饰既是物质文明的结晶，又具精神文明的内涵，展现着独特的地域文化和民族文化。许多少数民族没有文字，服饰就是穿在身上的"无字史书"。西南文化区少数民族众多，其中苗族曾有漫长的原始社会时期，以树叶为衣。在汉文文献中，先秦史籍和"二十四史"都研究或记述过苗族的历史，但都是零星、碎片性的资料。如汉代《淮南子·卷十一·齐俗训》记载"三苗髽首，羌人括领，中国冠笄，越人劗鬋，其于服一也"，由此可知三苗束发。自从国家民委组织编写的《苗族简史》对苗族族源和历史下了定义之后，许多关于苗族的文章、书籍都按照该书中的如下定义进行陈述："苗族的族属渊源，和远古时代的九黎、三苗、南蛮有着密切的关系。在我国长江中下游和黄河下游一带，很古的时候就生活着很多原始人群，他们经过世世代代的繁衍生息，通过艰苦的劳动，在距今 5000 多年前，逐渐形成了部落联盟。"但实际上仍然存在许多问题悬而未决。从苗族服饰图案所传达的文化内涵看，苗族服饰距今已有几千年的历史了。苗族凭借强烈的认同感，靠世代口传心授，将流传千年的故事、先民居住的城池、迁徙漂泊的路线等融进服饰文化中，一针一线绣进衣冠服饰，世代"穿"承。由于历史久远，苗族服饰上的图案所代表的文字和希望传达的特定含义蒙上了神秘

[①] 国家统计局.中国统计年鉴：2021=*China Statistical Yearbook*-2021：汉英对照[M].北京：中国统计出版社，2021.

第一部分 | 概述

图 2-2
高山族男服

图 2-3　苗族百鸟衣

苗族服饰

的色彩,难以完全解读。因此,苗族服饰被称为"穿在身上的史书"。

随着传统服饰文化空间的改变,人们在日常生活中越来越少穿着传统服饰,制作传统服饰的手艺人无处施展技艺,传统服饰背后的历史和故事正在逐渐被人们遗忘。按基于自然、社会经济指标分类的文化区来研究各地的传统服饰,尤其是少数民族传统服饰,是挖掘与传统服饰相关的历史文化、制作工艺、服饰习俗的积极尝试。

第二部分

Chinese Traditional Villages

中国传统村落文化抢救与研究

非物质文化系列（融合出版含视频）

各文化区的乡村传统服饰与习俗

第三章
中原文化区乡村传统服饰与习俗

第一节　中原文化区概述

中原文化区包括甘肃大部（渭水以南甘南藏族聚居区除外），青海东部的西宁、海东，宁夏南半部，陕西秦岭以北部分，山西、北京、天津、山东全部，河北绝大部分（长城以北除外），河南淮河以北部分，安徽淮河以北部分，江苏淮河（苏北灌溉总渠）以北部分，辽宁南部的大连、营口、鞍山、锦州、朝阳。

中原文化是一种基于农业文明的大陆文化，它的出现和发展与中原地区特殊的地理条件密切相关。中原地区在历史上长期作为京畿要地，是政治、经济、文化中心，也是中华民族精神形成的主要区域。中原文化有五个特点：一是根源性，中原文化在整个中华文明体系中具有发端和母体的地位；二是原创性，中原文化对构建整个中华文明体系发挥了筚路蓝缕式的开创作用；三是包容性，中原文化具有兼容众善、合而成体的特点；四是开放性，中原文化有很强的辐射力和影响力；五是基础性，中原文化在中华文化系统中处于主体、主干的地位。

中原文化区被列入国家级非物质文化遗产代表性项目名录的服饰类有回族服饰、裕固族服饰、土族服饰、撒拉族服饰等，被列入省级非物质文化遗产代表性项目名录的服饰类有肃北雪山蒙古族服饰等,下文主要介绍回族服饰习俗、裕固族服饰习俗、土族服饰习俗、撒拉族服饰习俗。

第二节 中原文化区乡村传统服饰习俗

一、回族服饰习俗

回族的族源可以追溯到唐代。根据史料记载,唐高宗永徽二年(651),阿拉伯和波斯的穆斯林商人陆续由海路来到中国,在广州、泉州、杭州、扬州、长安等地定居,被称为"蕃客"。他们中的不少人在中国娶妻生子,繁衍生息,世代定居,并建立礼拜寺和公共墓地。在中国出生的"蕃客"子女称为"土生蕃客",被视为回族的先民。宋代东来的犹太人,由于宗教上的亲近关系,后来也成为回族的一部分。13世纪初,蒙古军队西征期间,一批批信仰伊斯兰教的中亚人以及波斯人、阿拉伯人不断被签发或主动迁徙到中国来。他们主要以驻军屯牧的形式,以工匠、商人、学者、官吏、掌教等身份,散布在中国各地,成为形成回族的主体人群。明代是回族的最终形成时期,回族"同类则相遇亲厚,视若亲厚,视若至亲""自守其俗,终不肯变"。现在,回族主要聚居于宁夏回族自治区,北京、河北、内蒙古、辽宁、安徽、山东、河南、云南、甘肃、新疆等地的回族人口也较多。[①]

回族的服饰具有多种作用:一是保护身体。这是人类生存、生

---

① 《中国少数民族》修订编辑委员会.中国少数民族[M].修订本.北京:民族出版社,2009.

活、生产的必然需要。夏天穿单衣，冬天农牧区回族人多穿棉衣、皮衣、皮鞋等，回族女性为了防风沙还戴盖头、围巾等。二是装饰。爱美之心人皆有之，回族人也不例外。如男性穿衬衣、套坎肩，女性点额、染指甲，在衣服上绣花，都有装饰的效果。三是信仰需要。回族人去清真寺礼拜、过民族节日，需头缠戴斯达尔、穿准白、穿麦赛海袜，女性戴盖头等。

图 3-1
回族服饰

具有鲜明民族特色的回族服饰主要有坎肩、戴斯达尔、准白、麦赛海袜、礼拜帽、盖头等。

回族男女都爱穿坎肩，特别是回族男性，喜欢在白衬衣外套一件黑色对襟坎肩，黑白鲜明，清新文雅。坎肩有棉坎肩、皮坎肩等多种，既可以当外套，又可以穿在外衣里面。冬天穿上皮坎肩，再穿上一件外套，既轻便保暖，又方便而不臃肿。

戴斯达尔是波斯语译音，意为缠头巾，以白色、黄色为主。缠头时有许多讲究，前面只能缠到前额发际处，不能把前额缠到里面，缠巾的一端要留出一肘长吊在背心后，另一端缠完后压至后脑勺缠巾层里。

准白是阿拉伯语译音，意为袍子、长大衣，是回族阿訇、满拉和老人喜爱的服装。一般选用黑、白、灰等颜色的棉布、化纤料或毛料制作，有单、夹、棉、皮四种。款式近似现代的长大衣，但领子一般都是制服式领口。

麦赛海袜，亦称"麦赛袜子"，是北方穆斯林老人冬天穿的一种皮制袜子。麦赛海为阿拉伯语译音，意为皮袜子，一般用近似皮夹克软薄的牛皮制成，洁净光亮，结实耐用。穿上麦赛海袜，可以免去小净中的洗脚程序，用湿手在袜子的脚尖至脚后跟摸一下，就等于洗脚。

礼拜帽是回族男性戴的无檐小帽，有白、灰、蓝、绿、黑五色，有的是纯色，有的带有伊斯兰风格的花边、图案或文字。不同的季节戴不同颜色的礼拜帽，一般春、夏、秋季戴白色帽较多，冬季戴灰色或黑色帽。结婚时新郎多戴红色帽子，以示喜庆。白色小帽一般用的确良、涤卡、棉布制作，也有用白棉线钩织的。黑色小帽一般用平绒、华达呢制作，也有用粗毛线钩织的。帽子的样式因

中国乡村传统服饰与习俗

图 3-2　回族帽子

教派和地区不同而有差异，如哲赫林耶教派的回族人爱戴六角尖顶帽，六瓣表示坚信六大信仰，帽圆表示万教归一。除了白帽以外，清真寺里的阿訇、满拉和笃信宗教的回族老人也喜爱戴缠头。

　　回族女性常戴盖头。无论在福建、广东、海南等沿海地区，还是在内地，盖头一般是绿、黑、白三种颜色。盖头也有讲究，少女戴绿色的，显得清新秀丽；中年女性戴黑色的，显得庄重高雅；老年女性戴白色的，显得洁白大方。盖头大多选用丝绸、乔其纱、的确良等高中档细料制作。少女和中年女性的盖头比较短，前面遮住前颈即可；老年女性的盖头较长，要披到背心处。盖头上常嵌金边，绣着风格素雅的花草图案。不少已婚女性平时也戴白色或黑色的圆帽，一种是用漂白布制成的，一种是用白线或黑色丝线织成的，往往织成秀美的几何图案。

此外，回族女性一般都穿大襟衣服，喜欢在衣服上嵌线、镶色、绲边、绣花，女装都是右边扣扣子，纽子大多是自己用料子制作的。一般老年人着黑、蓝、灰等颜色的衣服，中青年喜欢穿颜色鲜亮的衣服，如绿色、蓝色、红色等。老少一般都备有节日服装，经常礼拜的人还有礼拜服。

回族女性喜欢佩戴金银手镯、戒指、耳环，有的还点额、染指甲，已婚女性还要经常开脸，显得清秀、干净。回族媳妇戴手镯是孝顺老人的象征。戒指戴在无名指上表示已婚，戴在中指上表示没有对象，戴在小拇指上表示已有对象但还未结婚。回族女性喜欢戴耳环，有句顺口溜："姑娘眼睛亮，耳环子挂两旁。"回族女性还喜欢用凤仙花染指甲，这个习俗也是从阿拉伯、波斯等地传来的。

过去回族男性一般都穿自制的方口或圆口布鞋，也有用麻和线自制的凉鞋。现在大多数回族人都到商店购置各种布鞋、皮鞋、凉鞋，但忌穿猪皮鞋。农村男性的袜和鞋垫一般还有绣花，上了年纪的回族老人多扎绑裤腿。

回族男性喜欢随身佩带一把小刀，俗称"腰刀"。回族人佩带腰刀，一是为了装饰，二是为了随时宰牲、救牲。这种习俗从阿拉伯传入我国，后来逐渐成为回族人民的习惯。

二、裕固族服饰习俗

裕固族自称"尧乎尔""西喇玉固尔",历史上曾被称为"黄番""黄头回鹘""撒里畏吾""撒里畏兀儿"等。1953年,经群众协商同意,取与"尧乎尔"音相近的"裕固"(兼取汉语富裕、巩固之意)作为自己民族的名称。现在,裕固族主要聚居于甘肃省张掖市肃南裕固族自治县和酒泉市肃州区黄泥堡裕固族乡。裕固族世代以畜牧业为主,形成了具有牧业民族特色的服饰文化。

裕固族传统服装样式以袍服居多,袍子与身体等长,领子与耳根相齐。衣领高、帽有缨是裕固族服饰的一大特点,流传着"水的头是泉源,衣服的头是领子""帽无缨子不好看,衣无领子不能穿"的民歌。

裕固族男性服饰比较简单,但也有其独特之处。一般头戴金边白毡帽,帽檐后边卷起,后高前低,有的帽檐镶黑边,帽顶正中的蓝缎上有用金线织成的圆形或八角形图案。身穿大领偏襟长袍,富裕人家多用布、绸、缎和紫红色氆氇等缝制,普通人家多用白羊毛捻毛线织成的褐子缝制。冬季,多穿用绸、缎做面的长袍,还有的穿白板皮袄或褐面软毡里的毡衫。衣襟上用彩色布或织锦缎镶边,富裕人家还用水獭①皮镶外边。年轻人长袍下摆左右开衩镶边,老年人长袍则多不开衩。逢年过节或遇重大活动,裕固族男性长袍上面要罩左右开小衩的青色长袖短褂。一般都扎大红腰带,腰带上佩腰刀、火镰、鼻烟壶。上了年纪的老人腰间挂着用香牛皮缝制的烟荷包,荷包呈"长脖""大肚"花瓶状,底部垂红缨穗,荷包上还有

---

① 水獭现属于国家重点保护野生动物,过去曾用于制作服饰,后同。

弩烟针和铜火盅。旱烟锅用一尺多长的乌木杆，装上玉石或玛瑙烟嘴、青铜或黄铜烟锅头，总长两尺左右，平时从脖子后面插入衣领，烟嘴齐耳露在领边。下身穿皮裤或棉布裤。鞋子是用牛皮缝制的皮靴，内穿羊毛袜。

裕固族姑娘前额戴"沙日达什戈"，即在一条红布带的上边缘缀以各色珊瑚珠，下边缘用红色或白色珊瑚小珠穿缝成许多珠穗，珠帘悬垂在前额，带子系在脑后，还有两条绣制精美的飘带飘在背后。姑娘在3岁剃头时，只留后脑勺一片头发，待长成长发时，和

图 3-3
裕固族服饰

穿有珊瑚珠的黑色丝线编成一条辫子，辫梢垂线穗被掖到背后的腰带里。两鬓的头发按年岁的增长，一岁编一条小辫，一直到出嫁。姑娘身着高领偏襟袍子，束腰带，胸前戴"舜尕尔"，背后戴"曲外代尕"，即用红布做成的两块长方形硬布牌，上面缀有鱼骨圆块和各色珊瑚珠组成的图案，下部边缘缀有红色线穗或珠穗，用各色珊瑚、玛瑙、玉石珠穿成的珠链把两块布牌连起来，戴在脖子上，

图 3-4
裕固族胸饰

分挂在胸前和背后。

姑娘到了成婚年龄，举行戴头面仪式时，才戴上帽子，表示已结婚。已婚女性戴三条长形头面和红缨帽。先将头发梳成三条辫子，一条垂在背后，左右辫经耳后垂至胸前，再将三条长形头面分别系在三条发辫上，每条又分三段，用金属环连接起来，上面镶有银牌、珊瑚、玛瑙、彩珠、贝壳等饰品，构成美丽的图案。头面长短按佩戴者的身高来定，要求上齐耳环，下至长袍底边。红缨帽为喇叭状，用白色羊毛压制的毡子制成，尖顶或平顶，帽檐不宽，上面镶有两道黑边，后檐微翘，前檐平伸，帽顶上有红色的缨穗。

裕固族已婚女性身穿高领偏襟长袍，按季节分夹棉和皮衣，用绸、缎、布、褐、皮等料子缝制。衣领高齐耳根，衣领外面边缘用各色丝线精心攀绣成波浪形、三角形、菱形、长方形等彩色几何图案。袍子以绿色、蓝色为主，也有深红、紫红等颜色。袍子下摆两边开衩，大襟上部、下摆、衣衩边缘都镶有"云"字花边，富裕人家还用水獭皮镶外边。年轻女性的衣袖从袖口至肘部，用各色织锦缎、彩绸、彩缎花边一圈一圈缝缀装饰。大襟衣袖上挂有刺绣的荷包、针扎等。长袍外面罩一件高领偏襟坎肩，一般用红色、紫色缎子缝制，形似偏襟坎肩背心，下摆左右开衩，镶有绸制彩色花边，背后从左肩至右肩镶一道半圆形花边，偏襟领口和腋下的边缘都绣有各种动物和花草图案。下身穿皮裤或棉布裤。日常穿的靴子前面尖而翘，逢年过节或遇重大活动时，穿尖鼻子软腰绣花布鞋，鞋帮上绣花草或小鹿、小羊等动物图案。

裕固族女性讲究戴银耳环、手镯、戒指。银耳环下坠一个直径约4厘米的薄银片，上面有彩色图案。手镯一般是翡翠或玉石的，也有银镯。上了年纪的裕固族男性也戴玉镯，戒指一般是银制的大

图 3-5
甘肃裕固族女服

戒指，也有银制珐琅和镶珠子的，戴在无名指上。①

三、土族服饰习俗

各地土族有不同的自称和他称。互助、大通、天祝一带的土族自称"蒙古尔"（蒙古人）、"察罕蒙古"（白蒙古），民和的多自称"土昆"（意即土人，吐浑音转），其他地区的自称"土户家"。附近藏族称土族为"霍尔"（对藏北游牧民族的泛称，藏文史籍曾用来指回鹘或蒙古族；另说即吐谷浑），汉族、回族等民族称之为"土人""土民"。中华人民共和国成立后，依据该民族的意愿，统一称为土族。现在，土族主要聚居于青海省海东市互助土族自治县，在青海省海东市民和回族土族自治县、西宁市大通回族土族自治县和甘肃省武威市天祝藏族自治县也比较集中，还有些散居于青海省的乐都、门源、都兰、乌兰、贵德、共和、西宁和甘肃省的卓尼、永登、肃南等地。

互助土族自治县的土族服饰有"伏兰诺日"服饰、"哈拉齐"服饰和"特哇尔托洛盖"服饰。"伏兰诺日"服饰指的是五十、红崖子沟、松多等乡（镇、民族乡）土族所着服饰。"哈拉齐"服饰指的是丹麻、东沟、东山、威远、台子等乡（镇）土族所着服饰。"特哇尔托洛盖"服饰指的是五十、丹麻、东沟、东和、林川等乡（镇）靠近青石岭的地区以及威远、台子等乡（镇）个别村庄的土族所着服饰。三种服饰的男装基本相同，主要区别在于女性的发式、帽子、衣服的式样和花袖上。

---

① 国家民族事务委员会文化宣传司.民族大家庭[M].海口：南海出版公司，1996.

中国乡村传统服饰与习俗

图 3-6
青海土族女服

"伏兰诺日"服饰，女性的发式是编两条辫子，放黑头绳，在发根处留约5寸长的散发与头绳混编，辫梢合二为一，头绳下端系红穗子或红绿布条；帽子为黑色、白色羔皮帽，白色镶边毡帽，狐皮帽和女式礼帽；衣服为小领、斜襟、开衩式袍服，衣领为多层叠式，周边镶水獭皮，披在肩部，具有层次的美感和色彩的美感，袍服整体较宽大；花袖由红、黄、绿、橘黄、粉红、蓝6种颜色组成。

着"哈拉齐"服饰的女性在20世纪90年代以前有一种比较独特的发式，叫作"忽拉散"，梳这种发式要先缝制一个叫作"诺呼多"的头套，头套鬓间缝制宽1厘米、长约4厘米的红色耳坠扣，坠扣下部缠上五色线，扣眼中有大银耳坠；再将头发一分为二，在两耳边稍拧紧，上卷，表面梳平，下部与嘴角齐，发梢多余部分在头顶绾成一个叫作"赞佐尔"的发髻，并用"诺呼多"扎紧。这种发式是以前土族女性佩戴"纽达尔"的发式。20世纪80年代中后期，这种发式逐渐被双辫发式取代，双辫发式与"伏兰诺日"相同。帽子大部分为织锦边黑毡帽或插花礼帽；衣服款式与"伏兰诺日"相同，只是稍窄一些，显得紧凑合身；花袖由红、绿、黑、黄、白5种颜色组成，显得鲜艳、整洁，美观大方。

"特哇尔托洛盖"服饰的特点是女性把头发一分为二，梳成若干小细辫（最多可达108根），装入叫作"希加适布"的辫套内，垂于胸前或压在前腰带下；脑后梳一根稍粗一点的发辫垂于背后，发根部缀一圆形白螺片，将成串的白珠子（中间点缀一些红绿珠子）挂在白螺片上，垂于胸前或挂在衣领纽扣上。女长袍小领、斜襟、不开衩，袖口及下摆用约4寸宽的红布镶边，不放花袖。小细辫、白珠子、辫套、红镶边是"特哇尔托洛盖"服饰的显著特点。

土族已婚女性还穿镶有半寸宽白边的红色褶裙，裤子膝下部分套一截黑色裤筒（土语叫"帖弯"），上沿为1寸宽的白边（"哈济尔嘎"），下沿为半寸宽的蓝边。土族未婚女性的发式为两鬓各梳一条小辫子，中间梳一条大辫子，三条辫子合辫在后面，或者只梳一根粗辫子，用红头绳扎紧，发辫根部系一个或几个白海螺圆片；头戴花边头巾，穿白汗褡，套坎肩，系腰带，裤子膝下部分套红色的"帖弯"。

除了常服以外，土族还有"纽达尔"（头饰），"登洛尔"（肩背饰或翘尖式护肩），"达乎"（无袖、前后左右开衩、长过膝盖的长坎肩），"达博"腰带，"斯古尔玛"腰鞋等华贵服饰。青壮年男性在腰带背部别着花烟袋，前面戴着土语叫作"克迭"的火镰，还系两头绣花的长裤带和花围肚，小腿系上黑下白的绑腿带，穿花云子鞋。中青年女性的耳坠主要是银质耳坠和串珠耳坠，其中银质耳

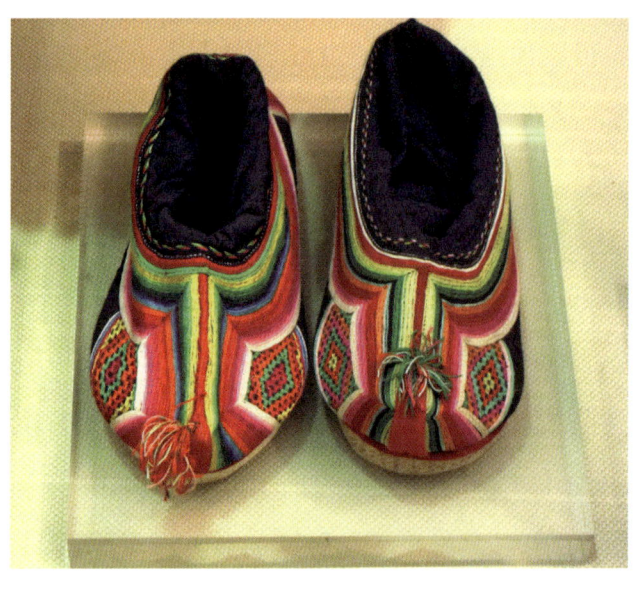

图 3-7
土族云子鞋

坠有大耳坠、小耳坠之分。①

四、撒拉族服饰习俗

撒拉族在古代有多种名称。《元史·百官志》中称为"撒剌"，《新元史·氏族表》中称为"撒剌儿"。明代，《明永乐实录》中称为"沙剌"，《明宣德实录》中称为"沙剌簇"，《天下郡国利病书》《边政考》中称为"撒剌"。清代，初称"撒剌"，乾隆后官方文书中称为"萨拉""萨拉尔""撒拉儿"等。后来还有"撒拉回""撒回""循回""番回"等称呼。②

撒拉族先民是西突厥乌古斯部的撒鲁尔人，撒鲁尔意为到处挥动剑和锤矛者。唐代，撒鲁尔人住在中国境内，后西迁中亚。元代，撒鲁尔人中的一支取道乌兹别克斯坦撒马尔罕，经我国新疆吐鲁番、甘肃肃州，到青海循化定居下来。初来时人口较少，后来不断吸收藏族、回族、蒙古族、汉族等民族成分，最终形成了一个新的民族共同体，清代以后渐次移居到甘肃和新疆。现在，撒拉族主要聚居于青海省海东市循化撒拉族自治县、化隆回族自治县甘都镇，甘肃省临夏回族自治州积石山保安族东乡族撒拉族自治县大河家镇；在青海省西宁市、黄南藏族自治州、海北藏族自治州、海南藏族自治州，甘肃省甘南藏族自治州夏河县，新疆维吾尔自治区伊犁哈萨克自治州伊宁县、乌鲁木齐市等地，撒拉族也有零星分布。

在历史发展过程中，撒拉族在传承伊斯兰服饰文化的同时，

---

① 佚名.土族的服饰[EB/OL].（2017-10-16）[2021-06-02].http://www.huzhu.gov.cn/info/1043/2853.htm.
② 芈一之.芈一之民族历史研究文集[M].北京：民族出版社，2008.

也吸收了突厥、蒙古族、藏族等族群的服饰文化，从而形成了自己独特的服饰艺术。其祖先遗传下来的代表服装是男性"白丝布汗褡青夹夹"、女性"长衫子坎肩绣花鞋"，其中"夹夹"指的是坎肩。

撒拉族男性大多头戴黑色或白色圆顶帽，上身穿白汗衫、黑坎肩，束以黑、红两色为主的布绸带，下身穿黑色或蓝色长裤，脚穿牛皮毡靴"骆缇"或布鞋。冬季，穿白板羊皮短式皮袄或羊毛织的褐长衫，富有者在外面穿绸缎或搭布面的羔皮皮袄。

撒拉族女性戴盖头，穿颜色鲜艳的衣服，外套坎肩，脚穿绣花布鞋，喜欢戴金、银戒指，玉石、铜或银制手镯，银耳环等首饰。盖头颜色根据年龄有所不同，一般有三种颜色：年轻女性戴绿色盖头，象征朝气蓬勃、充满活力；中年女性戴黑色盖头，象征沉着持稳、通达老练；老年女性戴白色盖头，象征朴实自然、纯洁无瑕。坎肩也有区别：一般年轻女性穿红色或几种颜色搭配的坎肩，中年女性穿蓝色或灰色坎肩，老年女性穿黑色坎肩。

婴儿出生后，穿无领无扣的白色衣服，意味着清白、纯洁地来到人间。孩子会走路时，女孩穿花衣服、扎辫子，并在脖颈上挂一块三角形白护符，里面装避邪驱鬼的经文。

撒拉族老年人做礼拜时，头缠数尺长的白布，称"达斯达尔"，身穿称为"仲拜"的服装。

在撒拉族服饰习俗中，中老年人一般穿黑、白、灰等颜色的服饰，忌穿红、黄、紫色服饰。新娘穿红、紫等颜色的盛装，也可以穿黑、白、灰等颜色的服装。

撒拉族没有自己的文字，但刺绣历史悠久，腰带、荷包、袜底、袜后跟、鞋面、围裙等服饰上都有针法精巧的刺绣，所绣图案

图 3-8　撒拉族绣花软底鞋

朴素大方，花纹细致、鲜明，但不绣人像。大多数撒拉族女子在十岁左右就开始学习刺绣，家传是撒拉族刺绣传承的主要方式。

第四章
关东文化区乡村传统服饰与习俗

第一节 关东文化区概述

关东文化区包括辽宁（不含辽宁南部地区）、吉林、黑龙江，以及内蒙古自治区东北部大兴安岭山脉地区。

从关东文化区的民族分布和文化现状来看，关东文化是汉族文化占优势，兼容少数民族文化的多元文化。从生产方式来看，关东文化是农业文化、草原文化、渔猎文化和农牧兼有的混合型文化。远古至先秦，是关东文化的萌生与成长时期。秦汉至魏晋南北朝，是关东文化的形成与发展时期。隋、唐、宋、辽、金、元时期，关东文化得到空前发展。明清时期，关东文化既有所发展，间或又有停滞，甚至倒退，地区之间差异甚大。[1]

关东文化区被列入国家级非物质文化遗产代表性项目名录的服饰类有朝鲜族服饰、达斡尔族服饰[2]、鄂温克族服饰[3]、中式服装制作

---

[1] 中共齐齐哈尔市委宣传部，齐齐哈尔市社会科学界联合会.闯关东精神暨关东历史文化研究[M].齐齐哈尔：[出版者不详]，2009.

[2] 在国家级非物质文化遗产代表性项目名录中，达斡尔族服饰申报地区为内蒙古自治区呼伦贝尔市。因大兴安岭山脉跨内蒙古自治区呼伦贝尔市、兴安盟、通辽市、赤峰市和黑龙江省大兴安岭地区，故将达斡尔族服饰放在关东文化区介绍。

[3] 在国家级非物质文化遗产代表性项目名录中，鄂温克族服饰申报地区为内蒙古自治区呼伦贝尔市陈巴尔虎旗。因大兴安岭山脉跨内蒙古自治区呼伦贝尔市、兴安盟、通辽市、赤峰市和黑龙江省大兴安岭地区，故将鄂温克族服饰放在关东文化区介绍。

技艺（满族旗袍制作技艺），被列入省级、自治区级非物质文化遗产代表性项目名录的服饰类有鄂伦春族传统服饰、赫哲族传统服饰、鄂伦春族萨满服饰、满族传统服饰、蒙古族服饰等，下文主要介绍朝鲜族服饰习俗、达斡尔族服饰习俗、鄂温克族服饰习俗、鄂伦春族服饰习俗、赫哲族服饰习俗、满族服饰习俗。

图 4-1
鄂伦春族萨满服饰

第二节　关东文化区乡村传统服饰习俗

一、朝鲜族服饰习俗

朝鲜族是由朝鲜半岛陆续迁入、定居我国东北地区而逐渐形成的跨境民族之一。早在明末清初，部分朝鲜族的祖先就已定居在我国华北、东北境内。1945年日本战败前，在中国的朝鲜族人数量已达216.5万人。1945年8月，日本投降以后，不少朝鲜族人陆续返回朝鲜半岛。1949年后，我国朝鲜族人数量基本趋于稳定。朝鲜族主要分布在东北三省——吉林、黑龙江、辽宁，集中居住于图们江、鸭绿江、牡丹江、松花江及辽河、浑河等流域，最大的聚居区是吉林省延边朝鲜族自治州。随着中国经济的迅速发展，越来越多的朝鲜族人由传统居住地东北三省迁往京津地区以及黄河下游、长江下游、珠江下游等沿海经济开放区。

最初迁徙入境的朝鲜族人多以线麻自织的麻布为衣料，其质地粗糙，夏季凉爽，但冬季不保暖。随着织布工艺的不断改进，麻布越织越好，不仅纹细且少有疵点，颜色亦经漂洗由黄变白。在相当长的时间里，麻布、土布一直是朝鲜族传统服装的主要面料。20世纪初，机织布和丝绢、绸缎等面料开始传入，服饰的颜色也随之多样化了。

朝鲜族服饰以象征纯洁、善良、高尚、神圣的白色为主，呈现出素净、淡雅的风格，朝鲜族因此有"白衣民族"之称。除了白色，朝鲜族还喜欢玉色、浅粉色、淡绿色、米色等明净的颜色。已婚女性通常把玉色上袄配蓝色长裙当礼服。女式上袄颜色以草绿色为最高档颜色，绿短袄配红色长裙即所谓"绿袄红裙"是最体面的礼服。

朝鲜族传统服装总体简约、质朴，没有过多缤纷复杂的色彩。

朝鲜族男装衣短，裤裆肥大，宜于盘腿而坐，裤脚系上丝带，并喜欢在上衣外加穿带纽扣的有色坎肩，坎肩多为灰、棕、黑色。以前出访时还要再加穿长袍，长袍有单、夹、棉之分。

朝鲜族女装分上下装，上装"则羔利"（短衫）多用色彩明快、花纹漂亮的绸缎或纱类缝制，衣襟很短，只及胸部，袖口略瘦，不

朝鲜族服饰

图 4-2
朝鲜族女装

用纽扣,以前襟的两根彩色长带系成蝴蝶形;下装为宽松式的彩色高腰长裙,它裹在两三层内衣外,使之更加合身,穿法是先穿裙后穿短衫。为了与这种服饰相协调,习惯上多穿白色或天蓝色的船形钩鼻胶鞋。

朝鲜族童装的式样与大人的衣服类似,较有特色的是彩缎上袄。朝鲜族认为彩虹是光明、美丽的象征,因此喜欢用彩色丝、绸、

图 4-3
吉林朝鲜族女童服

缎面料给儿童做衣服。彩缎上袄分为单、夹两种，用红、黄、绿、蓝、灰、粉红、白等颜色的彩缎条拼成，衣身为绿色、黄色、粉红色或乳白色，领口、飘带、袖口处镶金箔印花纹或刺绣小孩喜穿的回装袄。

制作朝鲜族服饰时采用平面裁剪法，裁剪简单，缝制精细。上衣领尖、前襟止口等部位的针脚细密、均匀，常见纹样有点、线、圆、三角形等几何图形，牡丹、菊花、枫叶等植物元素，鲫鱼、鹿等动物，以及文字，纹样的颜色同服装的底色浑然融合，给人以质朴、典雅的感觉。穿着时显得简朴而又富于变化，完美体现了服饰的直线美和曲线美。

朝鲜族服饰是我国朝鲜族人民通过长期的生产、生活创造的缝纫技术的综合成果，也是根据生活需求和审美观念创造出来的代表性文化载体。除了保留朝鲜族民间服饰的显著特点以外，朝鲜族服饰还继承了隋唐时期中原服饰的许多特点，在服饰史研究方面具有重要价值。

二、达斡尔族服饰习俗

达斡尔是达斡尔族自称，由于译音不同，曾有过"达胡尔""达呼尔""达古尔"等不同的写法。"达斡尔"之名最早见于元末明初。根据有关文献记载，以及对达斡尔族的传说、语言、地理分布、生活习俗等方面的研究表明，达斡尔族与古代契丹族有渊源关系。辽代灭亡以后，达斡尔族的先民迁徙到黑龙江以北。17世纪中叶，达斡尔族的先民分布在外兴安岭以南的精奇里江（今俄罗斯境内结雅河）流域河谷和东起牛满江（今俄罗斯境内布列亚河）、西至石勒喀河的黑龙江北岸河谷地带。因沙俄殖民者入侵和清政府对该民族统治的加强而南迁至嫩江流域，于是大兴安岭和嫩江流域就成了达斡尔人的故乡。后来，由于清政府征调达斡尔族青壮年驻防东北地区和西北边境城镇，有一部分达斡尔人徙居内蒙古呼伦贝尔、黑龙江瑷珲和新疆塔城。

古代契丹男性的传统袍服为左衽、圆领、窄袖、后开衩、无缘饰、疙瘩襻扣，女性袍衫为左衽、直领（交领）、窄袖、无缘饰。辽代"以国制治契丹、以汉制待汉人"，使左衽服装得以延续。达斡尔族是个骁勇善战的民族，历史上一直征战各地，连年战事使达斡尔族人常年生活在马背上，养成了左手持缰绳、右手使用武器的习惯。在生产、生活中，达斡尔族猎手习惯右手架鹰或拿马鞭，擅长骑马射箭的达斡尔人在拉弓时穿着左衽服装也较便利。达斡尔族的左衽服饰从契丹时代一直延续到17世纪居于黑龙江流域及南迁嫩江流域后的一段时间。

在清代及以前，达斡尔族的服装以皮衣为主。冬季，男性穿的皮袍多采用立冬至春节前后猎取的兽皮或牲畜皮制作，这时的动物毛皮绒毛密实、毛质结实、皮板厚重，不仅保暖抗寒，而且经久耐穿。春秋两季，男性穿"哈日密"，它是一种长至膝盖的皮袍，采用春夏或秋初猎取的狍皮制作。由于缺少布匹，男性一年四季都穿皮裤。脚穿"奇卡米"（用狍皮、鹿皮制作的靴子）、"斡洛奇"（布勒布底或皮底便靴）或乌拉。头上戴的帽子种类较多，有冬天戴的皮帽，春秋季节戴的毡帽，夏季戴的草帽，见客时戴的礼帽，郑重场合戴的官帽，狩猎时戴的狍头皮帽，等等。女性穿长袍，不束腰带，不穿短衣，以蓝色为主；冬季也穿"奇卡米"，夏天穿白布袜子、花鞋；年节或者喜庆时穿各色绣花的绸缎衣服，外面套斜襟坎

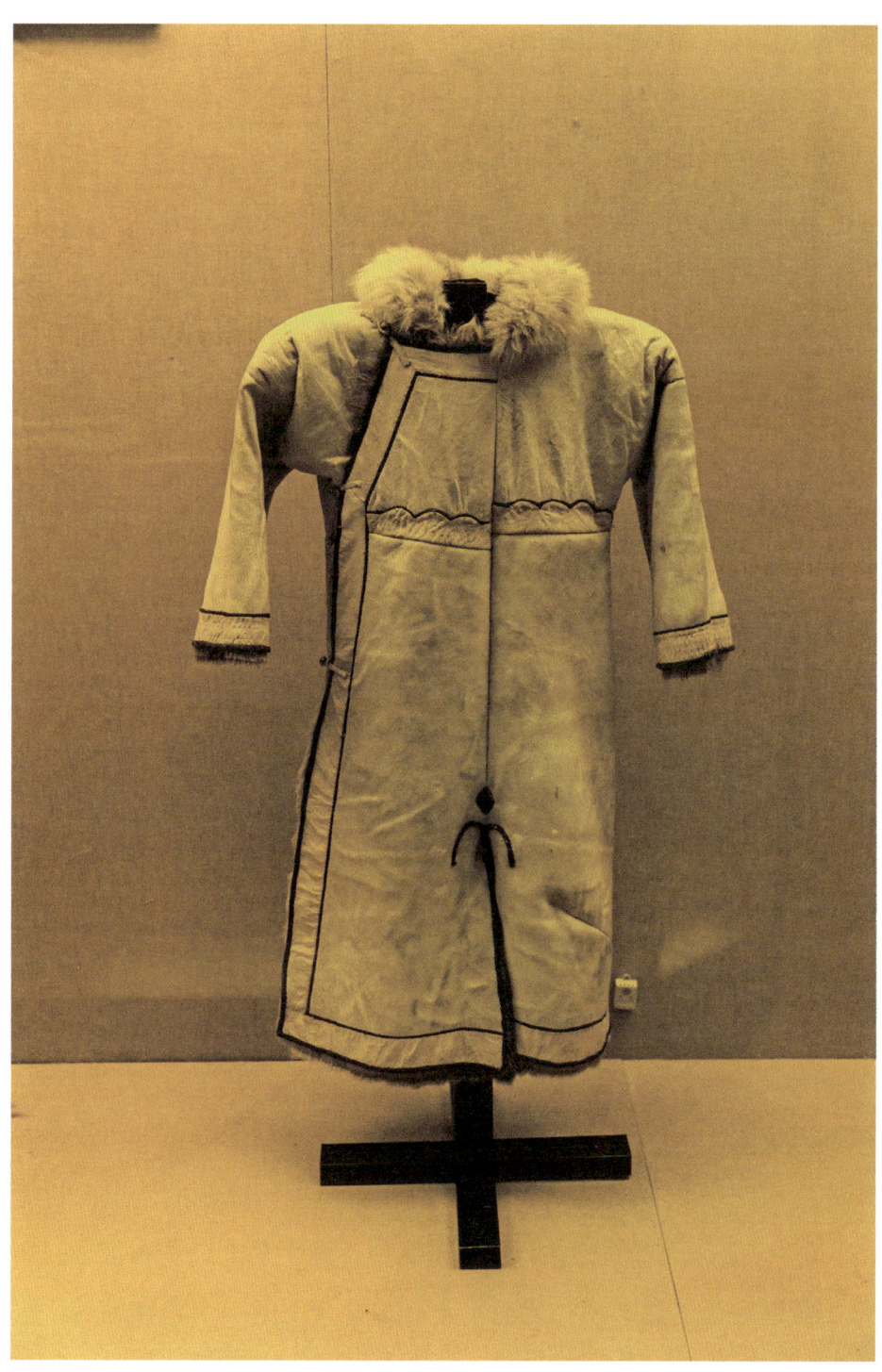

图 4-4 达斡尔族男装

肩，内吊皮里，外加缎面。

清末以后，传统狩猎经济日渐萎缩，达斡尔族聚居地的陆路交通和商品经济日渐发达，布匹得以大批量运入，皮衣在达斡尔族服饰中逐渐丧失主流地位，服装的样式也发生了变化。

老年男性冬天穿棉袍，夏天穿长衫。平时系腰带，外出赴宴或串亲戚要套上马褂或者坎肩。几乎人人佩戴烟口袋，把它挂在衣服的斜襟上。常戴的帽子是用绸缎缝面制作的，顶端有疙瘩，帽边卷宽檐；也戴皮帽，皮帽是用猞猁皮、狐皮等制作的，帽顶的疙瘩上还缝着貂尾。年轻人也穿棉袍、长布衫，系腰带。外出时系的腰带长约 5 米，围腰三周；平时系的腰带没那么长，为了干活方便，还把衣服的前襟掖在腰带上。裤子外面都穿套裤，套裤只有裤腿，没有裤腰，裤腿为筒式，上面缝着带子，系在裤腰带上，膝盖处缝着剪布贴花。

老年女性穿长布衫，冬天穿大襟棉袍。长布衫都有绲边，绲边上都绣花，衣服颜色素淡。外罩有马褂，也有坎肩。烟荷包挂在大襟的腋窝下。头上戴较宽一些的发带，只露头顶，正中脑门儿上钉有类似帽花或发带花的"夸雅乐"，全是用金或银制成。戴镯子，也戴戒指和耳环，这些首饰也是用金或银制成的。其他女性一般夏衣是长衫，冬衣是棉袍，一律绣花绲边，单衣复杂些，棉衣简单些，也有外罩。女性也穿套裤，讲究颜色鲜艳，绣花绲边或扎花绲边。戴的帽子有四只"耳朵"，是用各色缎子缝制的，里面衬有"库巾"，絮有薄薄的棉花，像三角头巾，两个角上缝着布带子，布带子全部绲边绣花，系扣之后垂于胸前，余下的一个角在脑后，也

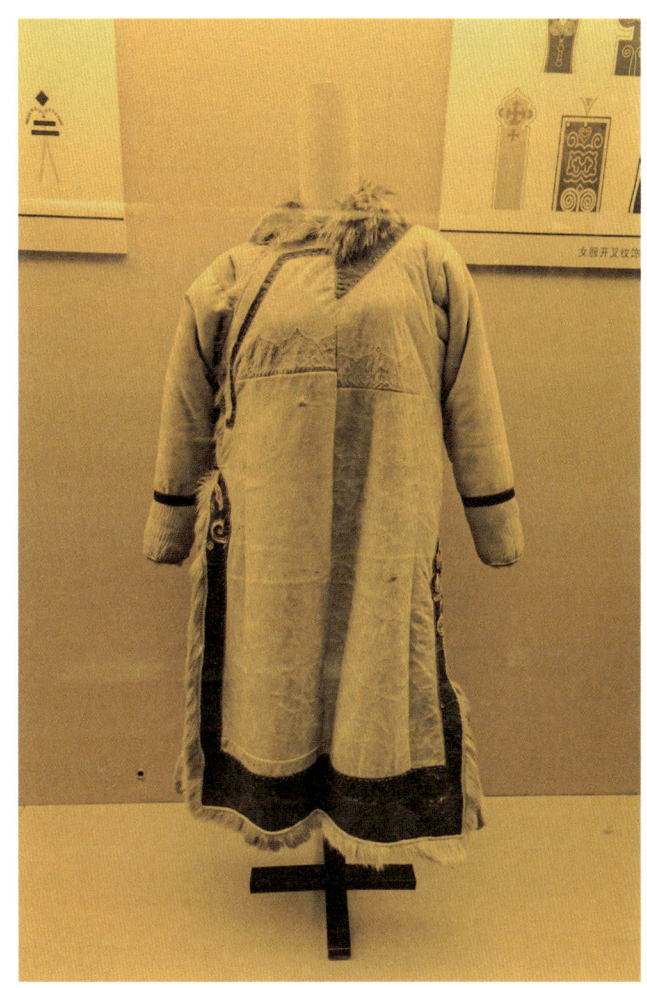

图 4-5
达斡尔族女装

绣着花。一般佩饰烟荷包和香荷包，烟荷包常拿在手上，可以随时给长辈或客人装烟，香荷包掖在胸前的大襟上。[①]

---

① 李金梅.多彩的达斡尔族服饰[N].呼伦贝尔日报，2015-08-11（07）.

三、鄂温克族服饰习俗

鄂温克族是一个古老的民族。关于"鄂温克"一词的含义，主要有三种说法：住在大山林中的人们、住在山南坡的人们和从山顶下来的人们。无论哪种说法，都说明鄂温克族最初居住于山林之中，是一个森林狩猎民族。1957年，根据该民族的意愿，称为鄂温克族。

早在公元前2000年左右，鄂温克族的祖先就分布在贝加尔湖沿岸地区，从事渔猎生产。历史上，鄂温克族曾被称作"索伦""通古斯""雅库特"。"索伦"一词出自满语，有先锋、射手、请来之意。明末清初，索伦包括鄂伦春族和达斡尔族。后来，其他民族逐渐从索伦中分离出来，索伦成为内蒙古自治区呼伦贝尔市鄂温克族自治旗、莫力达瓦达斡尔族自治旗、阿荣旗、扎兰屯市和黑龙江省讷河市鄂温克族的称谓。通古斯主要是指内蒙古自治区呼伦贝尔市陈巴尔虎旗、鄂温克族自治旗锡尼河流域的鄂温克人，这部分鄂温克人主要从事畜牧业生产。饲养驯鹿并以游猎为生的鄂温克人在南迁以前生活在西伯利亚产宝石之地，所以采挖宝石的突厥人称其为"雅库特"，意思是生活在产宝石之地的人。后来，俄罗斯人也沿用"雅库特"一词，作为这部分鄂温克人的称呼。在本民族内部，自称"鄂温克"。

索伦鄂温克服饰一般用布料和呢子制作。男装颜色以素净、淡雅为主，领子和周边装饰云卷花图案，象征大自然；袖口也有云卷花图案，旁开口，系腰带。女装颜色以艳丽为主，领子周边和袖口也有云卷花图案，年纪大的一般不系腰带。无论男女，冬季穿的都是用毛皮制作的服装，春季、秋季穿棉服或带内衬的服装，夏季以用绸缎制作的单层布料服装为主。冬季戴的帽子用各种动物皮子制

第二部分 | 各文化区的乡村传统服饰与习俗

图 4-6 鄂温克族女袍

作而成,有尖顶、圆顶等样式,春、夏、秋季则戴用呢子和薄毡子做成的帽子。女性还喜欢戴用银、珍珠制作的头饰和挂饰。

早期通古斯鄂温克人充分利用各种野兽皮和家畜皮来制作衣服、帽子、靴子、手套等，后来也用各种布料缝制服装，服装样式比较简单，但做工精细，尤其讲究实用，注重色彩、花纹的装饰。通古斯鄂温克人喜欢穿长袍，一年四季都以长袍为主。在广泛使用布料之前，夏季穿着刮掉毛并用牛粪烟熏的光皮缝制的袍子，冬季则穿用带毛的熟皮制作的袍子。后来，他们喜欢用蓝色或绿色布料来缝制袍子，因为蓝色象征天空，绿色象征大草原。通古斯鄂温克中老年服饰多选蓝色布料来缝制，给人平和、沉稳之感。

雅库特鄂温克人因饲养驯鹿，又被称为"使鹿鄂温克人"，居住于内蒙古自治区呼伦贝尔市根河市敖鲁古雅鄂温克族乡，曾经他们的衣服、帽子、鞋子、被褥等都用兽皮制作。衣服是用刮去毛的皮制作的，用树皮水或烟熏等方法，把皮衣染成黑色、黄色，扣子用兽骨制作。缝制皮衣的线用鹿筋捻成，缝好的皮衣被树枝刮到也不会开线。冬季皮帽的面用狍头皮制作，里用灰鼠或猞猁毛皮制作。近 100 多年来，他们开始用棉布做衣服。女性一般外穿连衣裙，衣领较大，领镶白边，下摆较大，前面对襟。老年女性多穿蓝色、黑色衣服，少女穿红色、天蓝色衣服。男女都穿皮靴，冬靴是带毛的，夏靴是去毛的。

四、鄂伦春族服饰习俗

鄂伦春族是一个有着悠久历史的民族。关于其族源，主要有两种说法，一是室韦说，二是肃慎说。目前学术界多倾向于前者。

17 世纪中叶以前，鄂伦春人分布于贝加尔湖以东、黑龙江以北，以精奇里江为中心的广大地区。历史上这里主要是钵室韦人和深末怛室韦人的活动区域。隋代的钵室韦、深末怛室韦应该是鄂伦春族先民的主要来源，北室韦也有可能参与了族体形成过程。唐代，室韦发展为20余部，设室韦都督府加以管辖。辽代的室韦部主要分布于今嫩江上游以北及外兴安岭以南，黑龙江中上游地区。金代设火鲁火疃谋克管辖外兴安岭以南地区。元代，鄂伦春人被称为"林木中百姓"和"北山野人"，分布极为广泛，在辽阳行省的管辖范围之内。明代，黑龙江以北有"乘鹿以出入"的"北山野人"，就是指游猎于贝加尔湖以东、黑龙江以北的"使鹿部"，也就是鄂伦春人。清初文献曾把鄂伦春人称为"树中人"。清崇德五年（1640），"俄尔吞"曾作为鄂伦春族的族称出现于文献中。康熙二十二年（1683）以后，文献中多次出现"俄罗春""鄂罗春""鄂伦春"等不同写法。从康熙二十九年（1690）十月开始，"鄂伦春"才作为统一的族称固定下来。"鄂伦春"是民族自称，即使用驯鹿的人们。现在，鄂伦春族主要分布于内蒙古自治区呼伦贝尔市鄂伦春自治旗、扎兰屯市、莫力达瓦达斡尔族自治旗和黑龙江省北部的呼玛、逊克、爱辉、嘉荫等地。

过去，鄂伦春人穿的衣服主要是用狍皮缝制的，也用鹿皮和小犴皮。冬季的衣服用皮厚毛长的狍皮制作，夏季的衣服用皮薄毛短的狍皮制作。男式皮袍叫"皮罗苏恩"，有长袍和短袍两种。长短皮袍均带大襟，襟边、袖口均镶有薄皮边。为了便于骑马，前后左右均开衩。长皮袍平时穿，长至脚面。短皮袍在狩猎时穿，长至膝盖。女式皮袍叫"阿西苏恩"，与男式皮袍的样式大致相同，但前后不开衩，襟边、袖口等处镶有精美的薄皮边，前襟、袖口、双肩等处均绣有各种纹饰。皮袍大多为黄色、棕色或乳白色，纹饰多为黑色、蓝色、黄色等，样式与配色显得古朴、大气。老年人穿的皮

图 4-7 鄂伦春族女式皮袍

袍只镶边,不绣花,颜色较淡。青年人穿的皮袍有的还染上黄色,染料用腐朽的柞木熬水抹在皮子上。皮袍的纽扣过去用兽骨或硬木制作,后来也用铜纽扣。

不论男女,穿皮袍均系腰带,过去腰带用鹿犴皮制作,后来年轻女性多系黄色、紫色、蓝色布腰带,老年女性一般系素色腰带。

鄂伦春族狍皮制作技艺

早期男式皮裤较短,下面要穿套裤;裤腰较宽,要用皮绳系着;裤腰和裤裆肥大,方便捕猎活动。套裤是两个上宽下窄的裤管,上下两端都有绳子,上端系在裤腰带上,下端系在鞋靿上。女式皮裤较长,裤腰、裤腿较窄,裤腰两侧开衩,裤子前面有肚兜,肚兜上的两条带子可以系在脖子上,类似于现在的背带裤。裤腿两侧和裤脚口处镶有花边,花边用不同颜色的皮子制成,多为云纹或鹿角纹,线条流畅。女性也穿套裤,可以保护里面的皮裤,以免磨损或弄脏。

脚上一般穿靴子,靴底用鹿脖子皮或野猪皮、驼鹿皮、熊皮纳成,靴面用狍、鹿等动物的腿皮制作。根据靴筒的高矮和所用皮料的不同,分为"其哈密""奥劳其""温特"。"其哈密"是用狍腿皮做的短靴,用去毛的狍皮制作的夏天穿的短靴叫"奥劳其","温特"是用鹿皮或驼鹿皮制作的高筒靴。

手套也是用狍皮制作的,有手心开口的手套、手心不开口的手套、五指手套等,手背处都绣有花纹。

帽子是用一整张狍头皮制作的,保留着原来的狍角和狍耳,原来的狍眼处镶着黑色皮子。

近代,各种布匹传入鄂伦春族聚居地区后,鄂伦春族开始穿布衣服,样式基本同皮制衣服。男性一般穿黑色、蓝色,女性一般穿红色、绿色。富裕人家有的也穿绸缎衣服。夏季,男女都穿一种叫"查姆查"的布长衫,男性戴一种用布做的尖顶"巴里"帽,女性戴一种叫"奇哈布屯"的头饰。男性还穿马褂、坎肩、布小褂。

鄂伦春族的装饰品有耳环、项饰、手镯、顶针、贝饰、香包、耳套、雪镜等。男性戴用兽骨、铜、铁制作的指环。雪镜有用马尾编织的和用桦树包子(白桦茸)制作的两种。香包通常用狍皮缝

图 4-8 鄂伦春族狍皮帽子

制,呈蝙蝠形、苹果形,两面绣花,是少女的饰物。

鄂伦春族的刺绣有直绣和缝绣两种,直绣是在衣物上用线绣成图案,缝绣是把兽皮、布剪成各种图案缝在衣服、鞋子、帽子上。刺绣的图案主要有团花、几何纹、波浪纹、独立花纹、角隅纹等。萨满服上绣有树木、动物、人物等图案。

五、赫哲族服饰习俗

赫哲族是一个分布广泛、多源多流的民族，先民是肃慎族系的组成部分，历史上包含于肃慎、挹娄、勿吉等族群中。"赫哲"是从"赫真"变音而来的，是"黑斤""黑津""黑金""黑哲""赫斤""赫金"等名称的异写。"赫哲"一词最早见于官方文献《清圣祖实录》："康熙二年癸卯三月壬辰（1663年5月1日），命四姓库里哈等进贡貂皮，照赫哲等国例，在宁古塔收纳。"1934年，凌纯声的《松花江下游的赫哲族》一书出版后，"赫哲"作为族称广泛传播。现在，赫哲族主要分布于黑龙江、松花江、乌苏里江交汇而成的三江平原和完达山余脉，集中居住于"三乡两村"，即黑龙江省佳木斯市同江市街津口赫哲族乡、佳木斯市同江市八岔赫哲族乡、双鸭山市饶河县四排赫哲族乡、佳木斯市郊区敖其镇敖其赫哲族村、抚远市乌苏镇抓吉赫哲族村。

早年，赫哲族的衣服、被褥多用鱼皮和兽皮缝制，历史上有"鱼皮部落"等称呼。清代张缙彦在《宁古塔山水记》中说："鱼皮部落食鱼为生，不种五谷，以鱼皮为衣，暖如牛皮。"鱼皮服饰制作历史悠久，《山海经·海外东经》中就有记载："玄股之国在其北，其为人衣鱼、食䳈。"

赫哲族鱼皮服饰包括鱼皮衣、鱼皮套裤、鱼皮鞋子、鱼皮绑腿、鱼皮手套等，可按穿着场合分为萨满服饰、日常服饰，也可按鱼皮、鱼鳞材质分为粗鳞、细鳞、无鳞三种，还可按照性别分为男式和女式两类。男式鱼皮上衣为对襟，鱼皮套裤上端为斜口，可以用缝在上端的带子将套裤系在腰带上。女式鱼皮上衣为大襟，鱼皮套裤上端为齐口，可扎在大腿根或系在腰带上。男女套裤下端都镶

图 4-9　赫哲族鱼皮手套

黑边，女式套裤的裤脚口还有花纹。

传统鱼皮制作技艺有选鱼、剥鱼皮、晾干、鞣制、制鱼皮线、拼剪缝合、艺术修饰等工序，以北方冷水鱼（大马哈鱼、怀头鱼、哲罗鱼、鳇鱼、胖头鱼等）鱼皮为主要原料。不同的鱼皮，用途不同，如大马哈鱼鱼皮纹理细致、美观，通常用来做鱼皮衣的面料。选好鱼后，先把鱼沿着脊背和腹部划开，在鱼鳃处将鱼皮掀起一个小角，再用楔子形状的木头刀将鱼肉和鱼皮分离；把鲜鱼皮贴在干净、平整的地方风干；然后一层鱼皮、一层玉米面摞起，用木制铡刀反复碾压，让鱼皮变得柔软且有韧性；将鱼皮的鳞刮掉熟化好，抹上有油性的狗鱼肝，使其保持柔软、干燥，然后叠好、压平、切成细丝，做成鱼皮线；用刮皮刀刮干净鱼皮上的杂乱纤维，剪掉不整齐的边角，把鱼鳍部位的开缝缝起来；根据鱼皮颜色深浅、花纹走向，用鱼皮线将鱼皮一张张缝合拼接起来；用野花等制成染料，给鱼皮染上紫、蓝、红、黑、白等颜色；把鱼皮剪成富有民族特色的图案，以补绣或黏合的方法装饰在鱼皮制品上。

兽皮服装除了主要供男性冬季狩猎、捕鱼时穿以外，在日常生活中也穿，但不普遍。女性主要是穿用鱼皮缝制的过膝长衣，出远门或拉烧柴时穿带毛的兽皮衣服御寒。冬季穿的狍皮大衣，赫哲人叫"咖什克衣"。这种衣服是用熟化后的狍皮缝制而成的过膝大衣，有大襟和偏襟两种款式。在缝制前要对皮子进行处理，使之柔软，缝制时使用揉软了的狍、鹿脊筋搓成的细线，有条件的还可以掺上一点儿绒麻。狍皮除了用来缝制衣服以外，还用来做被褥、帽子、皮袜子等。其中，狍皮帽子是用完整的狍头皮熟化后缝上帽耳，形状像真的狍子头。

以前赫哲人脚上穿的是乌拉，短筒的为"温他"，高筒的为"温母"。乌拉绝大部分是用鱼皮制作的，小部分用熊皮、野猪皮缝制。鱼皮乌拉轻便、暖和、不透霜，但踩在较热的东西上容易被烫坏，一般在冬季雪地上穿。夏季则穿自制的布鞋，赫哲语为"萨波"。

布匹大量传入赫哲族居住地区是在清末。现在，赫哲族基本都穿着汉族服装，民族服装只在节日、集会时穿。

图 4-10
赫哲族鱼皮服饰

六、满族服饰习俗

满族的起源可以追溯到几千年前的肃慎人及后来的女真人。肃慎人是东北地区最早见于记载的居民之一,以狩猎、游牧为主业,擅骑射,性勇猛,早在史前舜禹时代就与中原地区建立了联系。现在，满族分布于全国各地，以辽宁、黑龙江、吉林、内蒙古、河北、北京等省区市为多，其他散居于新疆、甘肃、宁夏、山东、湖北、贵州等省区及西安、成都、广州、福州等城市。

在辽、金、元、明时期，女真人主要穿左衽袍服，或圆领或交领，衣长至膝盖与小腿之间，衣身和袖子紧窄，两面或四面开衩。1635年，努尔哈赤之子皇太极将族名由女真改为满洲。入关之前，满族男女老少一年四季都穿袍服，满语为"衣介"，夏季是单衣，春秋是夹衣，冬季是毛皮质地。① 清初，统治者强制汉人剃发易服，满汉冲突严重。后来在"十从十不从"的基础上，满汉两族人民频繁接触，服装风格互相影响。西风东渐时，人们的服饰逐渐走向多元化。至今，满汉服饰逐渐趋于一致，男性坎肩（满语为"窝龙带"）等仍有沿用，女性袍服历经演变，已成为我国传统女装的代表——旗袍。

坎肩是满族入关之后，吸收了汉族"半臂"的特长发展起来的。满族人对汉族的坎肩加以改造，增加了绦边和绣花装饰。坎肩多套在长袍之外，一方面御寒，一方面也起到装饰作用，受到满族人的喜爱，因而流传下来。坎肩样式较多，有对襟、琵琶襟、"人"字襟、"巴图鲁"等。② 其中"巴图鲁"为满语，意为勇士，"巴图鲁"坎肩四周镶边，正胸横行一排纽扣，共十三颗，俗称"十三太保"。

关于旗袍，其概念、起源、样式等在文化界争议颇多。本书参考《辞海》（第六版）中关于"旗袍"的解释，结合《黑龙江省

---

① 顾凡颖.历史的衣橱：中国古代服饰撷英[M].北京：北京日报出版社，2018.
② 邢莉.中国少数民族服饰[M].北京：五洲传播出版社，2008.

图 4-11 满族坎肩和帽子

地方标准 DB 23/T 2712—2020》，在此简要介绍满族旗袍。旗袍传统样式特点是圆领、捻襟左衽、四面开衩、束腰、窄袖（有的是箭袖）。箭袖，满语为"哇哈"，样式是在袖口前面接一个半圆形的袖头，形似马蹄，又称"马蹄袖"。马蹄袖平时挽起，出猎、作战时放下，覆盖手背，冬天御寒。见到尊者、长辈，要将马蹄袖掸下行礼，称为"放哇哈"。满族入关后，窄袖长袍不适合农耕，一度变成喇叭袖，后来又变成窄袖，四开衩变成两开衩，甚至不开衩，下摆也变小。晚清时，一般旗人已经很少穿箭袖袍。满族旗袍制作中最具特色的是镶滚刺绣工艺，从最初为了耐磨加固、掩藏接缝，到后来完全是为了装饰，甚至繁复到"十八镶十八滚"，几乎看不到面料本身。

除了坎肩、旗袍以外，满族的马褂、皮大哈、旗鞋、帽子、发式头饰、配饰也具有鲜明的民族风格。①

马褂是穿在长衣袍衫之外，比外褂短，长仅及脐，左右及后开衩的一种袍褂，男女皆可穿着。马褂原为一种短袖、对襟的短上衣，长与坐齐，是我国古代北方游牧民族狩猎之时，为方便骑马、弯弓搭箭而穿在长袍外面的一种短褂。满族入主中原以后，马褂逐渐从实用型向装饰型转化。此时的马褂已不同于昔日骑马射箭时所穿的马褂，而是成为人们日常生活中所穿的常服。康熙以后，对襟圆领的马褂发展成为对襟、大襟、琵琶襟立领或圆领等多种形式的马褂。雍正时穿的人日益增多。嘉庆年间，人们常用如意头给马褂镶边，时人称："马褂边镶如意头，对襟更欲效时流。"咸丰、同治年间，又做大镶大沿。光绪、宣统年间，尤其是在南方，马褂被减短到脐

---

① 吉林省地方志编纂委员会.吉林省志：卷四十六：民俗志[M].长春：吉林人民出版社，1992.

中国乡村传统服饰与习俗

图 4-12 清代满族旗袍

部之上，面料用铁线纱、呢、缎等。马褂有长袖、短袖、宽袖、窄袖之分，袖口均平齐，不做马蹄式。马褂的颜色极为丰富，其中数黄色马褂最为尊贵，非特赐者不得服，其次是天青、元青、石青三种颜色。这三种颜色的马褂是男性在较正式的场合穿，具有礼节性，显得庄重、严肃。

皮大哈是满族皮衣的俗称。清初，满族的皮大哈很简单，只是将几张毛皮缝成袍褂护体。清中期以后，常用大块鹿皮拼出花纹，毛朝外。还有一种缺襟包袍，袍右前襟缺一块，用纽扣扣上，便于骑马，后来成为皇家亲王的行袍。①

满族先民有"削木为履"的习俗，至清初发展成一种高跟木底女鞋，称为"旗鞋"。旗鞋的由来目前尚无确切文字记载。旗鞋的特点是以木为底，一般用白布包裹，镶在鞋底中间脚心的部位。木底一般高5—10厘米，有的高14—16厘米，还有的高25厘米左右。木底的形状通常有两种：一种是上敞下敛，呈倒梯形花盆状；另一种是上细下宽、前平后圆，外形和落地痕迹皆似马蹄。"花盆底"和"马蹄底"因此而得名。鞋面上常有刺绣纹样或装饰片，木跟不着地的部分也常用刺绣或串珠加以装饰，有的鞋尖处还饰以用丝线编成的穗子。这种高底旗鞋多为贵族女性穿着。劳动女性或老年女性的旗鞋多为平木底，称"平底鞋"，便于行走。男性以穿靴为主，山民农夫大多穿皮制、里面放着乌拉草的乌拉。

春夏季节，满族礼帽为无檐凉帽，锥伞形。贵族帽子用"得勒苏草"（俗称玉草）编成，平民帽子用其他草本植物编成。秋冬季节，暖帽用呢、毡制成，圆形，帽檐镶以毛皮，富者多用貂皮、水

---

① 王振夫. 历史在说[M]. 长春：吉林人民出版社，2006.

图 4-13 马蹄底鞋

獭皮，贫者多用青鼠、狍皮，帽顶缀红缨。农民夏季戴伞形草帽，秋冬戴毡帽头。毡帽头有4个帽耳，上缀毛皮，可以折在里面，也可以放下来防寒。老人、幼童都戴的瓜皮帽，又称"便帽""小帽"，形状上窄下宽，分瓣缝合，帽顶镶着用丝绒结成的疙瘩，有的前额正中处还缀以珍珠、猫眼石、玻璃、银片等。满族女性平日爱戴平顶帽，帽檐有纹饰。老年女性戴"脑包"，它是一条中间宽、两头窄的长条带子，上镶素边，中间绣素花。

满族成年男性的发式是"剃发垂辫"，即在额角两端向头顶引一条直线，将直线以下前颅的头发全部剃去，只留颅顶后头发，编结成辫，垂于脑后。年轻人常以金、银、珠宝制成别致的小坠角，系于辫梢上。满族人认为发辫是其真魂栖息之所，视为生命之本，格外珍视，在战场阵亡的八旗将士，必将其发辫带回故乡厚葬。满族女性在成年前，发型与男性相似，到成年待嫁，方始蓄发，或绾起抓髻分列前额，或只梳一根单辫垂于背后，辫梢上常缠上一段大红头绳，前额留刘海。已婚满族女性的发型多是绾髻，绾至头顶的叫大盘头，还有架子头、吉祥头、两把头等。其中最典型的是两把头，即将头发束在头顶，分成两绺，绾成一个燕尾式的长扁发，压在后脖领上。两把头又分为"紧翅两把头"和"拉翅两把头"两种，皆下面有座，固定于发髻上。①各种发式之上，常插着发簪、鲜花等。

满族的佩饰有珠饰、石饰、骨饰、金饰等，最常见的是荷包与香囊。荷包格外精巧，里面装着香料、香烟、小零食等。荷包是幼童时期的重要礼品，也是恋爱时男女青年的定情信物。满族先民男女都戴耳环，至清代只有女性戴耳环，有"一耳三钳"之风尚。②

---

① 施立学，曹保明.吉林民俗[M].兰州：甘肃人民出版社，2004.
② 吉林省地方志编纂委员会.吉林省志：卷四十六：民俗志[M].长春：吉林人民出版社，1992.

第五章
扬子文化区乡村传统服饰与习俗

第一节 扬子文化区概述

扬子文化区包括江苏、安徽两省淮河以南部分，上海，浙江大部分（温州、丽水除外），江西，湖南（湘西土家族苗族自治州除外），湖北大部分（恩施土家族苗族自治州山区除外），以及广西壮族自治区桂林市。

扬子文化区包括长江中下游地区的各种文化。古代，北方人口数次大规模南下，加速了本区经济、文化的发展，出现了南京、扬州、苏州、杭州、明州（今宁波）、上海、汉口、岳阳等重要经济都会，中国文化重心也由黄河流域逐渐转移到长江流域。近代，本区较早接受西方文明，成为民族工商业的主要发祥地。[①]

扬子文化区被列入国家级非物质文化遗产代表性项目名录的服饰类有苏州甪直水乡妇女服饰、赣南客家服饰、中式服装制作技艺（龙凤旗袍手工制作技艺）、中式服装制作技艺（亨生奉帮裁缝技艺）、中式服装制作技艺（培罗蒙奉帮裁缝技艺）、中式服装制作技艺（振兴祥中式服装制作技艺）、中式服装制作技艺（红帮裁缝技艺）等，被列入省级非物质文化遗产代表性项目名录的服饰类有水

---

① 吴必虎，刘筱娟.景观志[M].上海：上海人民出版社，2013.

乡妇女服饰（胜浦水乡妇女服饰）、绍兴乌毡帽、定南客家服饰等，下文主要介绍苏州甪直水乡妇女服饰习俗、赣南客家服饰习俗、绍兴乌毡帽。

第二节　扬子文化区乡村传统服饰习俗

一、苏州甪直水乡妇女服饰习俗

甪直位于江苏省苏州市吴中区，是一座与苏州古城同龄，有2500多年历史的中国水乡文化古镇。苏州甪直水乡妇女服饰是汉族服饰的杰出代表，是吴地具有典型性和代表性的劳动人民服饰，主要分布在以甪直为中心的360平方公里的水乡地区。

苏州甪直水乡妇女服饰按年龄可分为中青年妇女服饰和老年妇女服饰两大类，每类再按季节分为春秋季服饰、夏季服饰和冬季服饰三种。此外，还有甪直水乡妇女礼仪服饰，主要分为婚礼服和寿衣两款。

苏州甪直水乡妇女服饰包括包头、拼接衫、襡裙、束腰、肚兜、拼裆裤、卷膀、绣花鞋等。其中，包头呈三角状，常用两色或三色拼角而成。姑娘爱戴花布做的包头，也有青底白角或蓝底白角的包头，贴角上绣图案；中年妇女戴黑底青角或蓝角的包头；上了年纪的妇女戴全黑的包头。拼接衫为大襟窄袖、掼肩接袖，用三种不同颜色和花纹的新布拼接而成，考究的上衣领、襟、袖口有浅色镶边。襡裙由两块布前后叠制而成，长尺许，蓝白相间，裙腰绣百裥，由前向后系在衣外，裙的长带多为大红色、金红色，呈绳状、带状或穗状，在腰部绾结，垂下成装饰，与包头上的流苏上下呼应。褡裙前面正中间有一个方形口袋，袋中可放针线等物品，袋口被束腰遮盖着。肚兜用尺许布料裁成菱形，将上角内折，左右端系上半圆形的环带，套在脖子上，左右两角系上带子，在背后打结。肚兜遮前不遮后，一般系在贴身短衫里。盛夏时节，农村妇女在家劳动或休息时，有的上身只系肚兜。拼裆裤宽松且裤管较短，布料为青

图 5-1
甪直水乡妇女服饰博物馆里陈列的服饰

色、蓝色或黑色，也有人用花布，与拼接衫形成对比。冷天，在小腿处紧裹青黑色的卷膀御寒，经济实惠。

苏州甪直水乡妇女服饰适合水乡妇女从事生产劳动，比如包头主要是用来遮阳、避露、挡虫、保洁；拼接衫原本是因劳作时挑担、掼稻、割麦等，肩部、肘部、袖口等部位容易破损，就将破损部位换成新布，经济实惠，后来由实际需要的拼接发展到具有主观意识的拼接，讲究整齐、均衡和对称的形式美；妇女在农田里劳作时，经常受到水生动植物的侵害，于是将衣袖口和裤脚口制作得很小，以保护自己；等等。人们创造了拼接拆卸工艺，再加上绲边、纽襻、带饰、绣花等工艺的巧妙应用，以及服饰色彩的巧妙搭配，使苏州甪直水乡妇女服饰既顺应稻作农业的需要，又满足劳动人民的审美情趣。

二、赣南客家服饰习俗

赣南，江西省（简称"赣"）南部的简称。地处赣江上游，史称"南抚百越，北望中州，据五岭之要会，扼赣闽粤湘之要冲"，是历史上客家人重要的集散地和当今客家人重要的聚居地。

赣南客家来自中原，其"服饰之根"是中原汉族的唐装（大襟衫、大裆裤），后来受到赣南畲族、瑶族文化的影响，在某些方面进行了改革和创新。赣南客家服饰主要包括衣、裤、鞋、帽等，色彩以蓝、黑、灰、白、暗红为主，多为素面。

客家传统服饰分男服、女服、儿童服、春装、夏裳、秋衣、冬服等，以客家蓝衫、围裙、帽帘、头帕、童帽等为典型代表。

客家蓝衫，又称大襟衫、长衫、士林衫。所用布料主要是苎

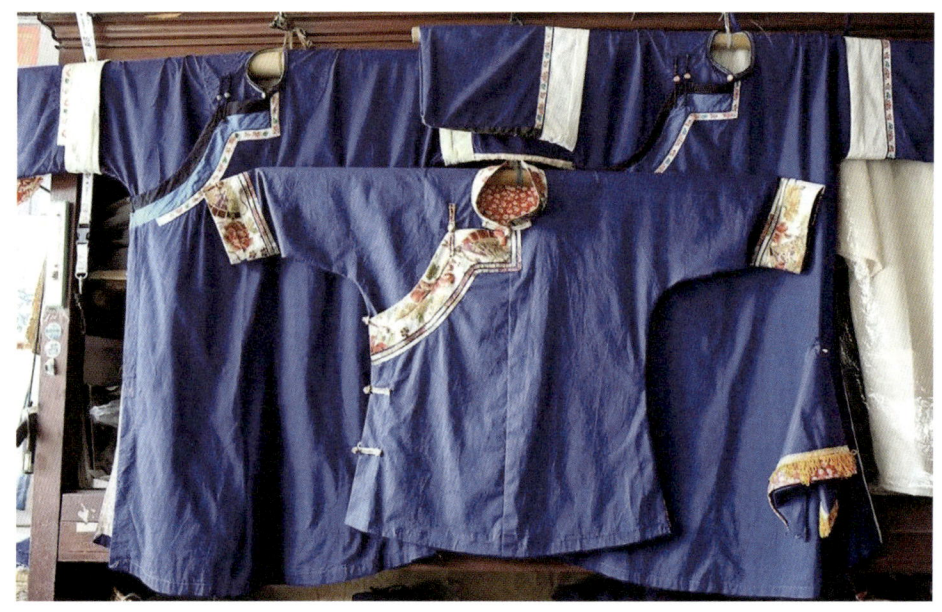

图 5-2 客家蓝衫

布、葛布、棉布和少量丝绸,大都为蓝色,过去是用蓝靛染成的。"大"指服饰宽松肥大,宽松的服饰可以满足劳作、生活的需要。"襟"指开襟,早期客家服饰的开襟方式有大襟、琵琶襟、对襟等。客家男性大都穿对襟衫、袍褂和大裆裤,女性穿大襟衫、大裆裤。整体上客家蓝衫样式较为朴素,门襟、袖口、扣子等处的装饰低调而不失雅致。

围裙又称"拦胸裙",上可遮住胸部,下

可挡着膝盖，常穿在大襟衫的前面。缝针纳线、洗衣做饭、灶头灶尾、养猪喂鸡时穿上围裙，可以防止弄脏外衣。围裙一般裁制成倒钟形，胸口处用一块淡色布料做表，刺上吉祥花卉，与底布形成色彩对比，从而达到装饰效果。围裙中间一般会缝上一个口袋，里面可放置小物品。穿时用绳带或银链系扣，上吊于颈，下围于腰。

帽帘是在斗笠边沿垂下的一圈蓝布。它是客家女性出嫁后第一个端午节回娘家时，母亲送给女儿的物品，有三个方面的功能：一是端午节后渐渐炎热，戴帽帘可以防晒，保护脸部皮肤；二是已婚女性的标志；三是可以借帽上的垂帘来遮挡生人的目光。

头帕分为冬头帕和半冬头两类。冬头帕可以包住整个头顶，起保暖、御寒、防尘等作用，天气寒冷时使用。半冬头扎在额头上，主要用于女性防风、产后防头痛。冬头帕由条帕、抹额、花带三部分组成。条帕是一块长方形花布，常为红、褐、黑、蓝、白等颜色相间，纹样为直线条。条帕上端与抹额相接，下边有锁边。抹额用较厚实保暖的黑布双层折叠而成。花带简称带子，绣有文字、菱形和三角形等纹样。冬头帕去掉条帕，即半冬头。①

童帽种类繁多，有狗头帽、狮头帽、猪头帽、虎头帽、铃帽等。童帽上的图案设计灵感大多来源于赣南山区的自然环境，同时具有美好、吉祥的寓意，比如象征富贵的牡丹和芙蓉，象征多子多福的石榴花和莲花。另外还有象征吉祥如意的八仙和福、禄、寿三星等。在赣南客家民俗中，出嫁的女儿怀孕后，待做外婆的母亲就要亲手给未出世的外孙做一顶银铃帽，祈愿孩子平安、吉祥。

---

① 杜娟.江西民间女红艺术[M].武汉：华中科技大学出版社，2017.

图 5-3 客家童帽

三、绍兴乌毡帽

乌毡帽,绍兴民间常用帽。内外乌黑,圆顶,卷边,前段呈畚斗形。乌毡帽牢固耐磨,碰擦不伤,厚实梆硬,雨濯不渗,风吹不冷,日晒不烫,灰尘难沾,以厚薄均匀、手感松软、质地坚挺为上品。夏天可遮雨、避光,冬天可以保暖、御寒,休息时可当坐垫用,买东西时可以作为篮子。

在绍兴,乌毡帽流行于明代,兴盛于清末。明末清初张岱的《夜航船》记载:"秦汉始效羌人制为毡帽。"明代会稽人曾石卿亦

图 5-4
绍兴乌毡帽

有"鹅黄蚕茧燕毡帽"之句。清代光绪二十五年（1899），潘尚升从绍兴袍渎搬入城区西营，开设潘万盛毡帽店，年产毡帽约2000顶。1940年，毡帽益盛，绍兴皋埠之红毡业，亦转产乌毡帽。1966年后的一段时间内，绍兴民间戴毡帽之俗渐止，各毡帽厂店相继停业。1978年后，为满足旅游者和农民之需，从山东购入乌毡帽，供应市场。现在，绍兴有了样式、颜色创新的乌毡帽。

制作绍兴乌毡帽，原材料是湖羊毛。因羊毛上有油脂，要将干燥的田泥撒于羊毛之上，频频拍打，待泥土吸收羊油脂等污物后，再将羊毛洗净、晒干。然后用木制弹弓把羊毛弹松，使羊毛变得松软，再将弹松的羊毛均匀地铺在竹帘上，喷上细密的水，并将竹帘卷拢，用脚来回挤压滚动，让毛粘成毡块。为了使毡帽厚实耐用，要把毡块折成四层，再粘，然后将四层毡块均匀对揭，用开水浸泡，反复揉捏，使其黏附紧密，质地坚韧。将毡块套于模型，制成帽坯，定形后，便成了尖顶圆边的毡帽，最后用野生植物花叶、果汁与皂矾制成的黑色染料将毡帽染黑，再次定形、晒干即成。①

---

① 潘晓华，孔卿媛.乌毡帽，"顶"上的风情[N].绍兴日报，2017-08-16（11）.

第六章
东南文化区乡村传统服饰与习俗

第一节　东南文化区概述

东南文化区西面与西南文化区相邻，北面与扬子文化区交界，包括福建、台湾、广东、海南和广西壮族自治区东部的梧州、玉林、钦州，以及浙江南部的温州、丽水。

由于东南文化区远离中原文化区，历史上数次人口南下逐渐向本区推进，形成中原文化的扩散波。中原文化与当地文化相融，一方面保留了古越族的文化特点，另一方面也保留了较多的古代中原文化特点，这些古代中原文化在中原地区却逐渐演变，甚至消失，人们因此将闽粤一带的文化看成古代中原文化的沉积或化石。海上丝绸之路形成后，东南文化区因地处沿海，泉州、广州等港口地位逐渐提高。清代，朝廷只容许广州一口通商，广东逐渐成为接受近代西方文化的枢纽。①

东南文化区被列入国家级非物质文化遗产代表性项目名录的服饰类有惠安女服饰、畲族服饰、黎族服饰等，被列入省级非物质文化遗产代表性项目名录的服饰类有丰泽蟳埔女服饰、乳源瑶族服饰等，下文一一介绍惠安女服饰习俗、畲族服饰习俗、黎族服饰习俗、

---

① 吴必虎，刘筱娟.景观志[M].上海：上海人民出版社，2013.

丰泽蟳埔女服饰习俗。

第二节　东南文化区乡村传统服饰习俗

一、惠安女服饰习俗

惠安，福建省泉州市下辖县。惠安女素以吃苦耐劳而著称，但给人印象最深的是惠安女与众不同的服饰：黄斗笠、花头巾、银腰带、短上衣、宽筒裤。

惠安女服饰源于百越文化，融合了中原文化和海洋文化的精华，定型于唐代，宋代渐趋成熟。明末清初，惠安女服饰有了较明显的变化，特别是老年人的服饰，其颜色以黑色为主，其他颜色只在装饰上运用少许。20世纪20年代，惠安女服饰的色彩开始与汉族其他人群形成了一定的差异，黑、红、蓝、绿、银灰是这个时期的主色调，形成了十分和谐的搭配效果。至20世纪50—60年代，使用黄斗笠、花头巾和塑料手工艺品（如裤带、凉鞋）等，色彩产生了巨大的变化。进入20世纪70—80年代，惠安女服饰更为讲究，每件饰品都精雕细刻。现在，惠安县东部沿海崇武、山霞、净峰、小岞一带的女性还保留着这种服饰习俗。

"封建头，民主肚，节约衣，浪费裤"概括了惠安女服饰各个部分的特征：头戴斗笠，披鲜艳的小朵花巾，捂住双颊、下颌，只露眉、眼、嘴、鼻，在海边劳动时可防风、防沙，也有不让男性看到自己面容的传统观念；上身穿湖蓝色斜襟短衫，又短又狭，露出肚皮和腰，劳动时不会被海水弄脏；下身穿宽大黑裤，方便行走和

第二部分 | 各文化区的乡村传统服饰与习俗

图 6-1
惠安女服饰

搬运东西。另外，头上还要戴黄色斗笠，斗笠边沿插着盛放的菊花、牡丹花等；身上还会装饰五花八门的小饰品和漂亮的银链、银坠。

惠安女服饰现存的服饰实物大致可分为清末至 20 世纪 30 年代的服饰、20 世纪 50 年代的服饰、20 世纪 80 年代的服饰，包括上衣、裤子、饰物、发型和穿戴习俗。上衣已由大袄衫、接袖衫逐渐演变为缀做衫、节约衫。裤子有大折裤、黑丝绸裤、黑布裤、蓝布裤等。至于饰物，则包括百褶边裙（俗称"肚裙"）、贴背和褡裢（又叫"插么"）、腰巾、袖套、腰带（彩色塑料带和银腰链）、小竹篾篮等。未婚和已婚的发型不同，婚后还有盛装发型和便装发型之分；原先繁缛浓重的大头髻

图 6-2　海边的惠安女
图片来源：泉州市人民政府官网

（埔缀髻）改为圆头、双髻头和螺棕头、目镜头髻、贝只髻。头饰和手饰有黄斗笠、花头巾、银手镯、金戒指等。鞋有凤冠鞋、踩跷鞋、拖鞋。

惠安女服饰既有少数民族的特点，又独具地方特色，是研究闽越文化传承变迁及中华民族多元文化交融的珍贵文化遗产。

二、畲族服饰习俗

"畲"字来历甚古，春秋时期就已经出现，但直到南宋末年才开始被用作民族名称。元代以来，"畲民"逐渐被作为畲族的专有名称，普遍出现在汉文文献中。中华人民共和国成立后，正式把畲族确定为统一的民族名称。畲族自称"山哈"或"山达"。"哈""达"，畲语意为客人。"山哈"，指山里人或居住在山里的客人。这个名称不见于史书记载，但在畲族民间普遍流传。关于畲族的来源，主要有两种说法：一种是认为畲、瑶同源；另一种认为畲族是古代"越人"的后裔。另外还有"东夷"说、"广东土著"说、福建土著"闽"族后裔说、河南"夷"人说等。

7世纪初，畲族人民已经劳动、繁衍生息在闽、粤、赣三省交界地区，当时被泛称为"蛮""蛮僚""峒蛮"或"峒僚"。南宋末年的史书开始出现"畲民"和"輋民"。南宋刘克庄在《漳州谕畲》一文中说："畲民不悦（役），畲田不税，其来久矣""余读诸畲款状，有自称盘护孙者"。文天祥在《知潮州寺丞东岩先生洪公行状》中也说："潮与漳、汀接壤，盐寇、輋（畲）民群聚……""畲民""輋民"二者字异音同，都是指同一个民族，前者指福建漳州一带的畲族，后者指广东潮州一带的畲族。现在，畲族分布在闽、浙、赣、粤、黔、皖、湘 7 省 80 多个县（市）的部分山区，其中 90%以上居住在福建、浙江的广大山区。

畲族女性传统服饰以青色、蓝色为主，采用自织的苎麻布，据《后汉书·南蛮西南夷传》记载，畲族先民盘瓠蛮"织绩木皮，染以草实，好五色衣服，制裁皆有尾形"。汉代至唐初，畲族服饰为鲜艳的五色，衣摆或裙摆前短后长，左衽，头发束成高髻。宋元时期，畲族服饰还保持着鲜艳的颜色，并吸收了百越的文身、断发习俗。元末至明代中后期，畲族服饰开始以蓝靛所染青色为主，款式与汉族服饰趋同，高髻，不戴头巾，赤足。清代，畲族服饰以青色、蓝色为主；短衣、短裙，大部分裙长不及膝盖，清末也有人改穿裤子；头饰、足饰等更丰富；男性戴竹笠、穿短衫，一般赤脚，耕作时穿草鞋；女性一般先梳高髻，用蓝花布包头，再戴竹制头冠，用彩色石珠装饰；女性赤脚习俗转变，平时穿草鞋或木屐，正式场合穿与汉族绣花鞋类似的布鞋。①

因居住地区不同，畲族女性服饰有福鼎式、霞浦式、福安式、罗连式和丽水式之分。福鼎式通常称为福宁东路装，上衣分大领、小领，多用水红、水绿做底色，加绣花纹。霞浦式又称福宁西路装，流行于霞浦县西、南、中部和东部畲村以及福安东部地区，其特点在于前后衣片长度完全相同，也是大襟式，有服斗和系带，可两面翻穿，逢年过节或外出做客时穿正面，平日在家或外出劳动时穿反面。福安式领口低窄，青年女性所穿的服斗绣花偏宽，领口多为花领，绣工精细，多作为盛装、礼服。罗连式又称罗源式，流行于福建罗源、连江和宁德南部飞鸾一带，一般穿黑色短裤，绑腿，领上

---

① 闫晶，范雪荣，吴微微.畲族古代服饰文化变迁[J].纺织学报，2011（2）：112-116.

花色按红、黄、绿、红、蓝、红、黑、红、水绿的顺序排列成柳条纹图案，上领的黑底上绣有一条水红、黄色粗线条的自然花纹，围身裙的图案花纹以大朵云纹为特征，裙边配柳条纹原色图案花纹。丽水式以浙江丽水地区的畲族女性服装为代表，富有特色的是花边衫，畲族称为"兰观衫"。

举办婚礼时，畲族女性穿的专用长裙用红色面料缝制，束以红绸结的大绸花。参加葬礼时，畲族女性穿的专用长裙为黑色、素面、四褶，长至脚背，分筒式和围式两种，与上衣配套，束以宽大的绸布腰带或系配色大绸花。婚礼和逝世时，畲族女性会使用冠戴，又称凤冠、公主顶，尖顶圆口，戴于发髻上，用红绸带或料珠串扣于

图 6-3
畲族服饰

下颌。婚礼用的凤冠系有遮面银饰，俗称"线须"，由一块长方形银牌和九串银饰薄片组成，垂挂于面前，银牌上有"双龙抢珠"图案，银片纹饰为鱼、石榴、梅花等吉祥物。

畲族女性擅长在衣裳、鞋面、烟袋等上面刺绣各种图案，刺绣色彩鲜艳明快，对比强烈，以大红、桃红色为基调，配以黄、绿、白、蓝等各色，有的还使用金线，增加华丽的感觉。

图 6-4
畲族服装

至于许多人熟知的畲族凤凰装，衣服上绣着各种彩色花纹，镶金丝、银线，全身佩挂的银器叮当作响，高高盘起的头髻扎着红头绳……鉴于学术界对畲族凤凰装观点不一，在此仅作简要介绍。

畲族男性服装有两种：一种是平常穿的大衣襟、无领青色麻布短衫，长裤，冬天穿没有裤腰的棉套裤；另一种是结婚或祭祖时穿的礼服，结婚礼服为青色长衫，祭祖时则穿红色长衫。①

三、黎族服饰习俗

黎族是海南岛最早的居民。在我国古籍中，很早就有关于黎族先民的记载。西汉以前曾以"骆越"，东汉以"里""蛮"，隋唐以"俚""僚"等名称泛称我国南方的一些少数民族，其中也包括海南岛黎族的远古祖先。"黎"这一族称最早正式出现在唐代后期的文献中，唐末刘恂在《岭表录异》中有"儋（州）振（州）夷黎海畔采（紫贝）以为货"的记载。但黎族作为专用族称，是在11世纪才开始固定下来，并沿用至今。现在，黎族主要聚居于海南省的陵水、保亭、三亚、乐东、东方、昌江、白沙、琼中、五指山等县市，其余散居在海南省的万宁、儋州、屯昌、琼海等县市以及贵州等省。

黎族传统服饰文化内涵丰富，各方言区差异比较明显（尤其是女性服饰），在历史上曾经是区分不同血缘集团和部落群体的重要标志。在传统服饰方面，黎族女性常穿直领、无领、无纽对襟上衣，有的地方穿贯头式上衣，下穿长短不同的筒裙，束发于脑后，插骨簪或银簪，披绣花头巾，戴耳环、项圈、手镯。男性一般结发于额

---

① 《中国少数民族》修订编辑委员会.中国少数民族[M].修订本.北京：民族出版社，2009.

图 6-5
黎族织花女上衣和筒裙

前或脑后,上衣无领、开胸对襟,下着腰布(吊襜),部分美孚黎男性上衣与女性上衣没有多大区别。在哈、杞、美孚、润黎健在的老年女性中,还保持着传统的文身习俗。

黎族服饰以黎族传统的纺、染、织、绣四大工艺为基础,利用海岛棉、麻、木棉、树皮纤维、蚕丝等织造缝合而成。黎族传统纺、染、织、绣技艺历史悠久,是中国乃至世界上最为古老的棉纺、织、染、绣技艺之一。早在春秋战国时期,黎族先民就懂得使用植物纤维等织造衣被。西汉时期,海南黎族人纺织的精美的"广幅布"被定为岁贡珍品。三国时期,黎族人已会用吉贝制作"五色斑布"。唐代,鉴真和尚在海南岛看到女性身上都穿着棉衣(称为"布絮"),当时海南岛上的儋州和振州(今三亚、乐东一带)出产的"斑布"被定为贡品。宋代,黎族纺织已有很高的水平。元代,黄道婆到海南学习黎族棉纺、染、织、绣技艺后将技艺传播到全国。

明代，黎族与汉族互相交流纺织技术，明末清初学人黄宗炎赞曰："不养蚕桑不种棉，织来吉贝锦文连。共（一作艺）传黎妇今多巧，远过珠崖入汉年。"清代，黎锦"机杼精工，百卉千华"，是棉织品中的珍品。

黎族服饰色彩以黑色或深蓝色为基本色调，以紫、棕、粉红、咖啡色为辅助色，红、黄、绿、白相间，有深色，也有浅色，绚丽多彩。服饰图案通常母体图案所占面积较大，且居中心位置，子体

图 6-6
黎族服饰

图案只作陪衬，位置不太明显，整个图案结构严谨、主次分明。母体图案一般以人形纹为主，动物、植物及其他纹样在子体图案之中。各方言区服饰图案各具特色：哈方言区服饰图案以人形纹、动物纹为主，以生产工具纹、自然界的各种纹样为辅；杞方言区服饰图案以夸张、变形的人形纹为主，与狩猎活动有关的纹样较多；润方言区服饰图案以人形纹、龙纹为主，以动物纹、植物纹为辅；赛方言区服饰图案主要是青蛙纹、人蛙纹，其次是花草纹，花纹主要在裙身带和裙尾；美孚方言区服饰图案有人纹、鹿纹、蜜蜂纹、鸟纹、汉字纹，图案多是染成的。

黎族女性的装饰有文身、头饰、发式、耳饰、胸饰等。已婚女性发髻均结于脑后，绾髻的样式繁多，多饰以银簪、骨簪、木梳等。其中，润方言区女性饰以雕刻精美的武士头盔，单人头、双人头骨簪，铜质或银质插片、骨梳，小腿缠蓝色裹腿布；美孚方言区女性的发髻上插满牛骨簪和银簪、银质或铝质的各色饰品；哈、杞和赛方言区女性的发髻饰以银质或铜质发簪。杞方言区女性佩戴五色彩串珠项圈，并佩戴银质或铝质胸饰。各方言区女性均佩戴玉石手镯、银质或铝质脚圈等。

四、丰泽蟳埔女服饰习俗

蟳埔女服饰主要流传于福建省泉州市丰泽区东海街道的蟳埔、金崎、后埔、东梅等地。蟳埔女服饰最初是为了方便劳动而设计的，服饰俗称"大裾衫""阔脚裤"，头饰俗称"簪花围"。

蟳埔女从小就留长发，把长发梳成一串不分股，系上红头绳，螺旋团结于脑后，盘成几圈髻子，中间横插一根象牙筷子或塑料筷子来固定；然后以螺旋团发髻为中心戴几串花环，花环是用麻线将四时鲜花的花苞或花蕾穿成的环，少则一二环，多则六七环，一环比一环大地戴在脑后，俗称"簪花围"；接着在髻心周围，左右对称地插上几朵大红、桃红等颜色艳丽的绢花或鲜花，鲜花随季节的变化而变化，大多是白色或黄色的素馨花、茉莉花、含笑花、玉兰花、菊花等。有的蟳埔女会在发髻上再插上金银制发钗或一把半月形梳子，以

图 6-7 蟳埔女头饰

及各种制作精美的银针、金簪等首饰。有的蟳埔女还会配上一对金制的既像问号又像鱼钩的耳环。人们可以根据耳环来分辨蟳埔女是否结婚或大致年龄：一般未婚女性耳环不加耳坠；已婚女性需在丁钩耳环下加耳坠，特称"丁香坠"；上了年纪的女性戴"老妈丁香耳坠"。

  蟳埔女衣服简朴、宽松，多用棉麻粗布制成，盛行青衫、黑裤。上衣为布纽扣的斜襟掩胸右衽衣，下沿呈弧形，颜色以青色或浅蓝色为主，老年女性以黑色为主。但结婚时，要穿用红布做的胸前有简单刺绣的"大裾衫"，再穿上两边有绣花的对襟背心，最后穿上外衣，系上有绣花的腰裾。裤子以黑色、蓝色为主，裤筒宽一尺左右，裤腰多用白色和蓝色布条拼接，宽度比腰围大一尺，穿的时候需要在腰间拉拢并折叠，再固定于腰上，俗称"宽筒裤"。这样的设计，便于蟳埔女在海滩上劳作，挑担行走较方便，又朴素、耐脏。

第七章
西南文化区乡村传统服饰与习俗

第一节 西南文化区概述

西南文化区包括重庆，四川大部（阿坝藏族羌族自治州、甘孜藏族自治州除外），贵州全部，云南大部（迪庆藏族自治州、怒江傈僳族自治州除外），广西壮族自治区大部（桂林、梧州、玉林、钦州除外），湖南西部少数民族聚居的湘西土家族苗族自治州、新晃侗族自治县、通道侗族自治县、城步苗族自治县，湖北西南的恩施土家族苗族自治州，陕西秦岭以南的汉中、安康、商洛地区。

西南地区地理环境复杂、民族众多，在我国各大文化区中特色鲜明，且区域内部也呈现横向与纵向的多元化和异质性。西南地区有30多个世居少数民族，几乎占到全国55个少数民族数目的3/5。各少数民族尽管形成时间早晚不一，但都以异常复杂多样、天然阻隔遍在的自然地理环境为基础，各自发展出令人惊叹的文化，并通过各种形式的文化交往和融合，以及经济活动的互补等结成种种联系，丰富着统一的多民族国家发展的历史内容。①

西南文化区被列入国家级非物质文化遗产代表性项目名录的服

---

① 王文光，朱映占.中国西南民族史研究论纲[M]//何明.西南边疆民族研究：7.昆明：云南大学出版社，2010.

饰类有傣族服饰、苗族服饰、瑶族服饰、彝族服饰、布依族服饰、侗族服饰等，被列入省级、自治区级非物质文化遗产代表性项目名录的服饰类有傈僳族服饰、藏族服饰、摩梭人服饰、木里"桑股"头饰、桐梓苗族服饰、安顺苗族服饰、箐苗服饰、黔东南苗族服饰、屯堡服饰、榕江侗族服饰、贵阳苗族服饰、摆贝苗族服饰、四十八寨侗族服饰、偏坡布依族服饰、水族服饰、畲族凤凰装、哈尼族服饰、白族服饰等，下文主要介绍傣族服饰习俗、苗族服饰习俗、瑶族服饰习俗、彝族服饰习俗、布依族服饰习俗、侗族服饰习俗、屯堡服饰习俗、水族服饰习俗、哈尼族服饰习俗、白族服饰习俗。

第二节　西南文化区乡村传统服饰习俗

一、傣族服饰习俗

傣族源于古百越。4000年前，傣族先民已在澜沧江、金沙江、怒江、瑞丽江、威远江、元江流域一带繁衍生息，曾先后建立了许多著名的古国和地方政权，创造了绚丽多姿的古代文明。傣族先民在汉文文献中，汉晋时称为"滇越""掸"等，唐宋时期称为"金齿""黑齿""银齿""绣脚""绣面""茫蛮""白衣"等，元明时期仍称为"金齿""白衣"，"白衣"又写作"百夷""白夷""伯夷"，有的误作"僰夷"，清代称为"摆夷"。

傣族的族称源于其自称"傣"，如傣泐、傣那、傣雅、傣卡、傣洒、傣仲、傣德、傣朗、傣涨等。古时傣族曾自称为"滚傣"，意为谷仓人或犁田人，表明傣族与稻田耕作关系密切。他称有阿萨姆、勒萨姆、戞姆、水傣、旱傣、花腰傣等。① 中华人民共和国成立后，根据傣族人民的意愿，正式定名为傣族。现在，傣族主要聚居于云南省西双版纳傣族自治州、德宏傣族景颇族自治州、耿马傣族佤族自治县、孟连傣族拉祜族佤族自治县，其余的散居于景东彝族自治县、景谷傣族彝族自治县、澜沧拉祜族自治县、新平彝族傣族自治县、元江哈尼族彝族傣族自治县、金平苗族瑶族傣族自治县等地。

傣族男性文身的习俗很普遍，既表示勇敢、驱邪护身，又可以装饰身体。男孩到11岁左右，就请人文身，文身的图形以虎、豹、狮、龙、蛇、鹰为主。傣族女性着窄袖短衣和筒裙。西双版纳傣族自治州傣族女性着白色或绯色内衣，腰身细小，下摆宽，下着各色筒裙。德宏傣族景颇族自治州芒市等地的女性婚前着浅色大襟短衫，长裤，束小围腰，婚后改着对襟短衫，黑色筒裙。玉溪市新平彝族傣族自治县的傣族女性用长达丈余的特制花腰带系筒裙，因此得名"花腰傣"。②

花腰傣服饰都以自纺、自织、自染的土布为原材料。不同支系的服饰各具特色，但都以黑色为主色调，间有红、绿两色丝绸，再点缀雪亮的银泡和彩色的织锦花腰带，华而不俗。

花腰傣男性服饰较简单，上衣为黑色圆领对襟衫，裤子为黑色打褶裤，帽子为黑色圆帽，也有人用黑色头巾包头。

花腰傣女性服饰由内衣、外衣、筒裙、绑腿、鸡枞帽、秧箩、首饰等组成。内衣为圆形小立领，无袖，长及腹部，领边和下摆边

---

① 杨圣敏，丁宏.中国民族志[M].修订本.北京：中央民族大学出版社，2008.
② 刘燕波.故事云南[M].昆明：云南大学出版社，2018.

图 7-1
傣族女装

缘都有宽窄不一的细银泡,银泡中间有银穗。外衣无领、无纽,比内衣还短,襟边和下摆边缘镶一条彩条或刺绣花饰,有的襟部也嵌上细银泡和银穗,袖子细长及腕,袖子的下半截有彩布或彩色丝线绣饰。由于上衣较短,腰部常用较宽的彩带缠腰,既可系裙,又可

图 7-2
傣族女服

束腰。裙子一般叠穿3—5条，现在也有穿1条的，裙摆有彩色花边，一条比一条略高，让花边外露。裙子从左向上提，使裙身倾斜，彩色花边像波浪起伏的江河。裙子上端缠数块青布围裙，一块比一块高，让绣着各色花环的围边外露。绑腿可以防止腿部被山林中的荆棘划伤，防止虫叮蛇咬，冬季还有防寒保暖作用。鸡枞帽因形似野生的鸡枞菌而得名，不直接戴在头上，而是从右向左斜戴（系）在包好的发髻上。秧箩挂在腰部，大致为圆柱形，圆口微开，中间收缩，底部略宽为方形，用竹子编制而成，高20厘米左右，既可以装随身物品，又可以起装饰作用。根据花腰傣民间传说，花腰傣青年男女吃秧箩饭是表达爱情的方式。[1]花腰傣首饰种类很多，有耳环、手镯、戒指等，大多是银制品。另外，花腰傣还有头饰、胸饰、腰饰、腿饰、鞋饰等饰品，有文身、染齿等习俗。[2]

美丽的花腰傣服饰离不开刺绣。花腰傣刺绣不使用刺绣绷子，使用傣族世代相传的古老绣法，主要有平绣、挑花、钉银泡等手法。刺绣时根据绣品的不同，交叉运用压、挑等刺绣技艺。在长期的传承发展中，还以服饰为要素形成了祭衣树、选衣头、成年礼、结婚比衣、节庆赛衣等习俗。

二、苗族服饰习俗

苗族的族源问题在史学界尚无一致定论，但已有足够的证据证明，早在秦汉时期，苗族的祖先就已经聚居于湘西、黔东这个当时称作"五溪"的地区。史书中蔑称居住在这里的包括苗族祖先在内的族群为"武陵蛮"或"五溪蛮"。在唐宋时的汉文文献中，开始称五溪地区汉族以外的居民为"苗人"，主要就是指现在苗族的祖先。

---

[1] 胡瑞波，徐人平，索昕煜，等.从功能到符号：花腰傣服饰特征分析[J].郑州轻工业学院学报（社会科学版），2011，12（4）：53-56.
[2] 孔令奇.花腰傣服饰品艺术研究[D].昆明：昆明理工大学，2008.

苗族既是他称，也是自称。除湘西方言区自称为"仡熊""果雄"，其他地区的苗族多自称"模""蒙""髳""苗"。汉语所称的"苗"，来自苗族自称。中华人民共和国成立后，根据苗族人民的意愿，经过民族识别，将族称定为苗族。苗族人口的分布特点是大散居、小聚居，全国各省区市均有苗族分布，其中贵州、云南和湖南湘西有较大的苗族聚居区，其他地方的苗族较分散。

苗族历史上多次大迁徙，有100多个支系，不同地域、不同经济条件的支系有着不同的服饰，学术界对苗族服饰的分类方法、种类都有不同看法。根据《中国苗族服饰》的分类方法，苗族服饰可大致分为湘西型、黔东型、川黔滇型、黔中南型、海南型五种，每种类型下又有若干种具体款式的服饰。

湘西型流行于湖南湘西及湘、黔、川、鄂四省交界一带。女性穿圆领大襟宽袖衣、宽脚裤，喜用折枝花鸟图案装饰。过去这一带的女性多穿红裙，由裙改裤是近百年的事。

黔东型流行于黔东南。女性大多上身穿大领右衽半体衣和大领对襟无扣衣，下身穿百褶裙，裙子长短各地有异。花饰以变形动物、植物和合体图案为主，工艺以刺绣为主，少数兼用挑花，用织锦装饰较普遍。节日期间，女性佩戴大量银饰。

川黔滇型流行于川、黔、滇、桂等省区讲西部方言的苗族地区。女性上衣多为大领对襟、大领左衽或右衽，多为大襟衣和由大襟衣演变而来的款式，下身穿蜡染百褶裙，喜用几何图案装饰，衣服多以麻布为原材料，盛装银饰较少。

黔中南型流行于贵州中南部及黔、桂、滇交界处。女装款式复杂，大领对襟衣、百褶裙较普遍。上衣多附配件，饰件工艺以挑花为主，部分地区是挑花配合刺绣，部分间用蜡染布，多数地区的人

图 7-3　长沙博物馆里陈列的苗族服饰

们包头巾。用料、色调、风格兼有黔东型和川黔滇型的特点。

海南型流行于海南省。女装为右偏襟及膝单衣,内围蜡染短裙,花饰较少。①

男性服装,黔西北、滇东北的苗族男性

苗族蜡染

---

① 张永发.中国苗族服饰研究[M].北京:民族出版社,2004.

第二部分 | 各文化区的乡村传统服饰与习俗

图 7-4 苗族服饰

穿有花纹的麻布衣服,肩披有几何图案的羊毛毡;其他地区的苗族男性一般穿对襟或左大襟的短衣,下着长裤,束大腰带,头缠青色长巾,冬天裹绑腿。①

---

① 《中国少数民族》修订编辑委员会.中国少数民族[M].修订本.北京:民族出版社,2009.

苗族的刺绣、织锦、蜡染、银饰等多姿多彩。其中，苗族刺绣是苗族服装的主要装饰手段，有许多种技法和针法，分为单色绣和彩色绣两种；苗族织锦分为手织和机织两种，通过经线、纬线的多种交织方法织成有图案的布料，主要用于衣服、围腰、背带、背包、腰带等；苗族蜡染是用蜡刀蘸蜡在白布上画好图案后，浸入染缸染色，然后用水煮沸，脱去黄蜡，现出蓝底白纹图案的蜡染工艺，已有上千年的历史，目前蜡染工艺又得到了一定程度的改进，花色品种更加丰富；银饰是苗族的重要装饰品，各个支系的苗族女性盛装时都佩戴银饰，有"头戴银冠、项挂银圈、身穿银衣、手配银镯、脚系银链"之说。

三、瑶族服饰习俗

传说瑶族的先人是古代东方九黎中的一支，后往今湖北、湖南方向迁徙。秦汉时期，瑶族先民以长沙、武陵或五溪为居住中心，在汉文文献中，与其他少数民族合称"武陵蛮"或"五溪蛮"。南北朝时期，部分瑶族被称为"莫徭"，以衡阳、零陵等郡为居住中心。《梁书·张缵传》中记载："零陵、衡阳等郡，有莫徭蛮者，依山险为居，历政不宾服。""莫徭"指的就是瑶族。隋唐时期，瑶族主要分布在今天的湖南大部、广西东北部和广东北部山区。唐末五代时期，湖南资江中下游和湘、黔之间的五溪地区仍有较多的瑶族居住。宋代，瑶族虽然主要分布在湖南境内，但已有一定数量的人向两广北部深入。元代，迫于战争的压力，瑶族不得不大量南迁，不断地深入两广腹地。明代，两广地区成为瑶族的主要分布区。明末清初，部分瑶族又从两广地区向云贵迁徙，这时瑶族遍及南方六省区，基本上形成了今天的分布局面，具有大分散、小聚居的特点。明代中叶以后，部分瑶族由广西、云南进入越南、老挝、泰国等东南亚国家，成为他国居民。现在，瑶族分布在我国南方广西、湖南、广东、云南、贵州、江西等省区的130多个县，其中广西最多。

瑶族名称比较复杂。有的自称为"勉"，也有的自称为"布努""金门""瑙格劳""拉珈""炳多优""唔奈""藻敏"等。过去又因其起源传说、生产方式、居住和服饰等方面的特点，而有"盘瑶""过山瑶""茶山瑶""红头瑶""花瑶""花蓝瑶""蓝靛瑶""白裤瑶""平地瑶"等30多种不同的称呼。中华人民共和国成立后，统一族名为瑶族。

瑶族支系众多，各个支系的服饰也不尽相同。

从头饰来说，瑶族男性有的包红、黑、白蓝色头巾；有的留长发，在头顶上束发髻；有的不留长发，也不包头巾。瑶族女性头饰千姿百态，有宝塔式、飞檐式、凤头式、平顶式、帆船式、圆筒式等。

从上身服饰来说，瑶族男性有的穿无领衫，开右对襟，用布纽扣或铜扣；有的穿唐装，立领，开胸对襟，用布纽扣，有两个兜，系腰带；有的穿夹衣，无领、无袖，开胸对襟，有扣，下摆的左右和后背开小衩，有兜。瑶族女性一般穿无领、无扣、开胸对襟或开右对襟上衣，对襟两旁和袖口绣有花边或镶彩色布带，系腰带。上衣其他部分的装饰，有的披披肩，胸挂银牌或吊一束红绒线；有的从脖子至胸两旁的对襟处，用红绒线装饰；有的胸前围围裙，上衣的背后绣或印方形图案；有的把若干条精美的绣花带垂吊于后腰带上；有的肩背绣花包，佩饰与穿着协调；等等。

图 7-5 过山瑶服饰

从下身服饰来说，瑶族男性有的穿长裤，有的穿短裤，有的穿"马腿裤"——裤裆肥大，裤脚瘦小，仅及膝下。瑶族女性穿长裤比较普遍，也有穿短裤、长裙、短裙的，还有穿连衣裙的。瑶族女性的腿饰颇为考究，凡穿短裤或穿裙者，均系绑带，绑带一般都绣有花纹，有的人用红丝线等装饰。

从脚饰来说，古代瑶族男女老少皆跣足不履。清道光《庆远府志》中记载："瑶人素不著履，其足皮皱厚，行于棱石丛棘中，一无所损。"近代以来，随着生活水平的提高，瑶族人始穿草鞋。中华人民共和国成立前后，部分生活较富裕的瑶族人穿厚底翘头的龙头鞋、用青布做的布鞋。20世纪60—70年代，瑶族中青年人逐渐穿胶鞋，如广西金秀大瑶山的瑶族人喜穿适于翻山越岭、经久耐磨的解放鞋。时至今日，打赤脚的现象越来越少，各色各样的皮鞋和运动鞋为瑶族年轻人所喜爱。

另外，瑶族人也喜爱银饰，有"头插银簪、耳戴银环、颈戴银圈、腕戴银镯、手戴银戒指"之说。

作为瑶族的一个支系，白裤瑶被联合国教科文组织称为"人类文明的活化石"。这个瑶族支系，因男性穿过膝白裤而得名。广西壮族自治区南丹县是白裤瑶聚居地之一，被誉为"中国白裤瑶之乡"。南丹传统的白裤瑶服饰分男装和女装、节日盛装和便装，服饰图案以鸡仔花为主。男性便装上衣为蓝黑色立领对襟衣，胸前两侧各绣一幅鸡仔花图案，裤子用白布做成，长度刚过膝盖，裤脚用黑布镶边。男性盛装上衣外沿都用蓝布镶边，腰部两边和背部下沿绣有鸡仔花和"米"字纹。白裤裤裆大而宽，束裤脚，上面绣有五条红色花纹，相传这是瑶王在战争年代留下的血手印，绣在衣服上以示纪念，也是图腾标志。女性夏装的上衣称为"褂衣"，用前后

图 7-6 白裤瑶女装

两块方布缝合而成——前为纯色黑布，后面用染、绣手法做成各种图案；冬装上衣一般为右衽，袖服，无扣。无论冬夏，女性下身均着蓝色及膝百褶裙，裙面用树汁画染成三组环形图案，裙边用红色无纺蚕丝片镶边。

四、彝族服饰习俗

彝族的来源众说纷纭，主要有北来说、南来说、东来说和云南土著说等，学术界比较一致的看法是北来说。据汉文和彝文史料记载，彝族先民与分布于我国西部的古羌人有着密切的关系，彝族主要源自古羌人。在公元前2世纪至公元初年，彝族先民活动的中心大约在滇池、邛都（今四川省西昌市东南）。在这些地区居住着称为"邛都""昆明""劳浸""靡莫""滇"等从事农业或游牧的部落。根据彝族的历史传说，其祖先在远古时代居住在"邛之卤"，后来才南下到"诺以""曲以"两水沿岸（即金沙江和安宁河流域）。3世纪前后，彝族的先民已经从滇池、金沙江两岸、安宁河流域、哀牢山等地逐渐扩展到今天的滇东北、滇南、黔西北及广西西北部。彝族先民定居西南后，不断与其他民族融合，如古代南方的濮人后裔就有许多成为今天的彝族。贵州古彝文典籍《西南彝志》中就有许多关于"濮变彝"的记载。同时，古代彝族居住的地区，还分布着彝语支的其他许多部落。现在，彝族主要分布在云南、四川、贵州、广西四省区，其中云南以楚雄彝族自治州、红河哈尼族彝族自治州及峨山彝族自治县、宁蒗彝族自治县等地较为集中，四川省凉山彝族自治州是全国最大的彝族聚居区。

中华人民共和国成立前，由于地区和方言不同，彝族支系繁多，有许多不同的他称和自称。主要他称有"夷""黑彝""白彝""红彝""甘彝""花腰""密岔"等。主要自称中，云南昭通、武定、禄劝、弥勒、石屏，四川大凉山、小凉山的彝族自称"诺苏""纳苏""聂苏"，这部分约占彝族总人口的1/2。云南哀牢山、无量山及开远、文山、马关一带的彝族自称"密撒（泼）""腊苏（泼）""濮拉泼""尼濮"等。贵州的彝族自称"糯苏""纳""诺""聂"等。中华人民共和国成立后，经过民族识别，按照广大彝族人民的共同意愿，以鼎彝之"彝"作为统一的民族名称。

彝族支系繁多，居住分散，自然环境复杂，社会、经济发展不平衡，其服饰不仅有性别、年龄、盛装、常装之别，还有婚服、丧服、祭司服、成人服等各种专用服饰，在质地、款式、纹样等方面也具有明显的地域特征，大体可根据凉山、乌蒙山、红河、滇东南、滇西、楚雄六个彝族聚居区分为六大类型，每种类型下又有若干种具体款式的服饰。

凉山型主要流行于四川省凉山彝族自治州和毗邻各县，以及云南省金沙江流域，主要款式有义诺式、圣乍式、所地式。男女上衣皆为右衽大襟衣，披擦尔瓦（披衫）、披毡、裹绑腿，平时跣足，冬天穿麻鞋。男性头缠中髻，不同次方言区的样式不同；左耳戴蜜蜡珠、银耳环等饰物；男裤有大裤脚、中裤脚、小裤脚之别。女性穿百褶裙、戴头帕，生育后可戴帽或缠帕，喜戴耳饰、手饰、银领牌。传统衣料以自织自染的毛麻织品为主，传统色彩为黑、红、黄三色，图案多为鸡冠、羊角、火镰、蕨草、窗格等动植物和生活物品。

乌蒙山型流行于云南省昭通市镇雄、彝良、威信等县，以及贵

第二部分 | 各文化区的乡村传统服饰与习俗

图 7-7 彝族服饰

凉山彝族刺绣

州省毕节市、六盘水市,四川省泸州市叙永县,广西壮族自治区百色市隆林各族自治县等彝族聚居地区,主要款式有威宁式、盘龙式。男女均穿青、蓝色大襟右衽长衫或短衫,长裤,缠黑色或白色头帕,系白色腰带,着绣花高钉"鹞子鞋"或"鹰头鞋"。男性服装无花纹,披羊毛披毡。女性服装的领口、袖口、襟边、下摆、裤脚均饰彩色花纹和组合图案,并戴耳环、手镯、戒指等银饰,婚后则以耳坠取代耳环,系白色或绣花围腰,身后垂花飘带。

红河型主要流行于云南省红河哈尼族彝族自治州,以建水、石屏、元阳等县最为典型,主要款式有建水式、石屏式、元阳式。男性服饰多为对襟短衣、长裤。女性服饰款式多,既有长衫,也有中长衫和短装,大多外套坎肩,系围裙,头饰多种多样,尤喜以银泡、

图 7-8 彝族绣花围腰

绒线做花为饰。装饰图案以自然纹为多，几何纹次之。

滇东南型流行于云南省东至广南、富宁，南至马关、麻栗坡，西至弥勒、开远，北至师宗、昆明的广大地区，以及广西壮族自治区百色市那坡县等地，主要款式有石林式、弥勒式、文西式。男装为对襟衣，外套坎肩，着宽裆裤。女装为右襟或对襟上衣、长裤，个别地区的女性着裙，以白、蓝、黑为底色，多饰以动物、植物、几何图案，头饰各地差异很大。服饰工艺有挑花、刺绣、镶补、蜡染等。

滇西型主要流行于云南西部的大理、思茅、临沧、保山等地，主要款式有巍山式、景东式。男性穿右衽大襟长衫、羊皮坎肩、宽脚裤，头包青帕。女性上身穿前短后长的右衽大襟衣，下身穿长裤，系围腰，套坎肩。巍山彝族回族自治县、弥渡县两县之间的山区女装色彩艳丽，多绣花纹，佩绣花毡裹背，其他地区的女装较质朴、素雅。头上或戴布帽，或包青帕，喜缀五彩璎珞、串珠等饰品。

楚雄型主要流行于云南省楚雄彝族自治州及附近地区，主要款式有龙川江式、大姚式、武定式。男装为对襟小褂，披羊皮褂，着长裤，还保留着火草布、麻布衣的习俗。女装为右衽大襟短衣和长裤，少数地区的女性上着对襟衣，下着花裙。工艺以镶补、平绣为主，图案多为花卉。禄劝彝族苗族自治县、寻甸回族彝族自治县等地女性的盛装是古老的贯头衣，这种服饰前短后长，宽大无袖。

五、布依族服饰习俗

布依族源于古百越，秦汉以前称"濮越"或"濮夷"，东汉、六朝时期称"僚"，唐、宋时期称"蕃蛮"，元、明、清至中华人民共和国成立前称"八蕃""仲家""侬家""布笼""笼人""土人""夷族"等。布依族自称"濮越"或"濮夷",用汉字记音写为"布夷""布依""布越依""布绛"等。在布依族语言里,"布"是族或人的意思。故在旧方志中,有将布依族记为"夷族""夷家""夷人"者。除自称之外,不同地区布依族之间还互称"布笼""布那""布土""布都""布央""布笼哈"等。1953年,根据该民族意愿,统一命名为布依族。现在,布依族主要分布于贵州南部和西南部,云南罗平及四川宁南、会理等地也有分布。

布依族女性服饰在后晋《旧唐书·南蛮西南蛮传》中已有较详细的记载:"横布两幅,穿中而贯其首,名为通裙。其人美发,为髻鬟垂于后。以竹筒如笔,长三四寸,斜贯其耳,贵者亦有珠珰。"明弘治《贵州图经新志》记载:"仲家妇女,以青布一方裹头,着细褶青裙,多至二十余幅。腹下系五彩挑绣方幅,如绶,仍以青布袭之。"清乾隆《南笼府志》记载:"椎髻长簪,银环贯耳,项挂银圈,以多为荣。衣短裙长,色惟青蓝,红绿花绣为缘饰。裙以青布十余幅细折镶边,委地数寸,腰以宽长花带数围结于后,带垂若翅。"清代以后,女性服饰变化较大,部分边远地区的女性服饰变化稍晚。

据1958—1991年出版的《民族问题五种丛书》记载,布依族女性服饰式样较多,镇宁、关岭、普定、六盘水一带仍保持着布依族较古老的服饰——大襟短衣,领口、盘肩、衣袖、衣脚边沿皆用织锦和蜡染各色几何图案镶制;下穿百褶长裙,用白底蓝色蜡染花布缝成,佩戴各种银质首饰。黔西南布依族苗族自治州和黔南布依族苗族自治州罗甸县等地布依族的女性服饰普遍为大襟衣,衣服的盘肩、袖口、襟边镶有花边;裤脚为大褶边,或蓝色裤脚镶青布和

图 7-9 布依族女子大襟短衣

花边。衣服的长短和裤脚的大小,各地区不同。布依族女性头饰讲究,婚前头盘发辫、戴绣花头巾,婚后改用竹笋壳作"骨架"的专门饰样。镇宁、关岭地区的姑娘喜拢高髻,发上插着银簪,穿短衣、长裙、绣花布鞋。其他地区则多着短衣、长裤,在衣襟、领口、裤脚镶蜡染或刺绣花边。黔西南安龙、兴仁一带的女性喜用白布制作头巾,戴各色绣花围腰。手镯、发簪、戒指、项圈等饰品为布依族女性所喜爱,样式别具一格,颇富民族特色。

布依族男性服饰比女性服饰要简单得多，相关记载也很简单：《旧唐书·南蛮西南蛮传》记载的是"左衽，露发，徒跣"。《贵州图经新志》记载的是"戴汉人冠帽""青布短衣，科头跣足""以青布裹头"等。明代《黔记》记载的是"衣裳青色"。清乾隆《贵州通志》记载的是"衣尚青，以帕束首"。民国时，布依族中年男性多半穿大襟或对襟短衣，老年男性穿大襟短衣或长袍，青年男性劳

图 7-10
布依族服装

作时多穿对襟衣。长衫有蓝、黑、白三色，均为宽襟右侧开扣。对襟衣为胸前排扣。裤子为直筒大吊裆裤。头巾多为蓝黑花格头帕，或青帕，或白帕。脚穿皮鞋、胶鞋或包边、毛边布鞋。20世纪70年代后，布依族男装和汉族男装无异。

布依族蜡染、刺绣、织锦、织染等久负盛名。布依族蜡染传统工艺有靛染、蜡染、枫染、扎染四种，其中以蜡染最为著名，先用铜蜡刀蘸蜡液在白布上绘成涡状纹、波浪纹、菱形等图案，再用蓝靛溶液配合草药印染，去蜡后即成，成品的自然冰裂纹形式多样、美观大方。布依族刺绣题材广泛、内容丰富、绣法多样，腰带、围巾、鞋、背带、围腰、手帕及各种绣衣上都有刺绣装饰，枕巾、枕套、被套等其他家居用品也运用了大量刺绣。织锦亦称"纳锦"，布依语为"读桂"，有羊羔锦、鱼儿锦、人物锦、蝴蝶锦等式样，图案为菱形、方形、三角形或回形字穿插组合，各色丝线衬托，花纹精致紧密、瑰丽美观。布依族土花布素有"土呢子"之称，质地优良，品种多样，可制作成服装、床单、被面、桌布等。[①]

六、侗族服饰习俗

侗族源于古百越的西瓯、骆越。侗族先民在先秦以前的文献中被称为"黔首"。秦始皇统一中国后，在黔地设立了黔中郡。大约在隋唐时期，侗族形成。唐朝开始在"峒区"设立州郡，建立羁縻政权，任命当地的大姓首领为刺史。唐末、五代时期，中央王朝衰落，无力统治边疆地区的少数民族，侗族中的大姓土豪自称"峒

---

① 《中国少数民族》修订编辑委员会. 中国少数民族[M]. 修订本. 北京：民族出版社，2009.

主"。侗族的自称最早见于宋代的史籍，记为"仡伶"或"仡览"。《宋史·蛮夷二·西南溪峒诸蛮》记载："靖州仡伶杨姓者""沅州生界仡伶副峒官吴自由"。南宋陆游的《老学庵笔记》记载："辰、沅、靖州，蛮有仡伶……有仡览。"辰、沅、靖州之地就是今天的新晃、芷江、玉屏、天柱、三穗、靖州、会同一带，正是侗族聚居区的中心地带。明清时期，侗族被称为"僚人""侗僚""峒人""洞蛮""峒苗"，或泛称为"苗""夷人"。民国时期称为"侗家"。中华人民共和国成立以后称为侗族。

现在，侗族主要分布于贵州省黔东南苗族侗族自治州、铜仁市，湖南省怀化市新晃侗族自治县、会同县、通道侗族自治县、芷江侗族自治县、靖州苗族侗族自治县，广西壮族自治区柳州市三江侗族自治县、桂林市龙胜各族自治县、柳州市融水苗族自治县，湖北省恩施土家族苗族自治州等地。

过去侗族服饰以自纺、自织、自染的侗布为主要原材料，20世纪80年代以后已普遍使用机织细布，自织的侗布成为馈赠亲友的礼物。侗族服饰多种多样，不同年龄、不同季节有不同的装饰，有左衽、右衽、对襟，有布扣、铜扣、银扣，有裤装、裙装，喜青、蓝、黑、白各色，有头饰、颈饰、胸饰、腰饰、手饰、脚饰等。

侗族由于历史发展和居住地域的不同而形成不同支系，不同支系有着不同的服饰。在贵州省黔东南苗族侗族自治州，侗族服饰主要分布在榕江、黎平、从江、锦屏、天柱、三穗、剑河、镇远等地区。据不完全统计，黔东南苗族侗族自治州侗族男女老幼常服和盛装有100多种，仅不同类型的侗族女盛装就有40多种。大致可以分为榕江县"七十二寨"服饰、车江服饰、黎平"四十八寨"服饰、"六洞"服饰、洪州服饰、"二千九"服饰、"九洞"服饰、锦屏九

图7-11 侗族女装

寨服饰、天柱三门塘服饰、镇远报京服饰等大类，大类之中还有差别。其中，榕江县"七十二寨"服饰、黎平"四十八寨"服饰以色彩艳丽、刺绣精美、工艺精巧而久负盛名，是侗族服饰艺术的代表。

"七十二寨"指的是贵州省黔东南苗族侗族自治州榕江县北部"六里"（乐里、往里、仁里、瑞里、保里、本里）的大小侗寨。"七十二寨"侗族女性在夏秋季节穿蓝、白色布单衣，冬春季节穿青紫色棉衣和罩衣。上装无领、右衽，袖口宽大，衣长过臀，绣有花、草、鱼、虫等图案。下身穿青色百褶裙，裙长50厘米左右。裹绑腿，绑腿末端有飘带。脚穿绣花船形钩鞋，平时穿半截草鞋。男性衣服为衬襟便衣，前面两边上下各有一对对称的荷包；裤子较宽大，裤腰与裤头用一块蓝布连接，呈直筒状，穿时用一根布带子束上。衣裤均为青紫色。

"四十八寨"指的是贵州省黔东南苗族侗族自治州黎平县的尚重、盖保、洋洞、高岑、高孖、绍洞、育洞、曰寨、顺寨、平途、纪登和榕江县的晚寨、平保、便洞、高路、色边等自然村寨。"四十八寨"侗族女性夏秋季节上身穿对襟、无领、无扣、宽摆上衣，衣长过臀，襟边、袖口缀花边，衣襟敞开，贴胸另系一菱形胸襟，上端靠颈处绣花，两上角各接一条布带系于颈后，带上有银坠。下身穿百褶裙。男性穿右衽、无领短衣，包大头侗帕，下着大管裤。

为人所熟知的侗族辛地衣一般在牯藏节或芦笙节时穿，亦称芦笙衣。芦笙衣做工精细，各地的芦笙衣略有差异，其中一种上衣为左衽，下为草条式帘裙，饰有白色羽毛，既华丽又神秘。

图 7-12 侗族芦笙衣

七、屯堡服饰习俗

屯堡人是明代屯军的后裔。洪武年间，30万明军调北征南，进入云贵地区，亦守亦屯，家口随之。在当地，军队的居住地称为"屯"，移民的居住地称为"堡"，他们的后裔就叫作"屯堡人"。

作为一个相对特殊的群体，屯堡人与其他汉族、少数民族的一个重要差别在于女性服饰，当地人俗称"头上一个罩罩（头巾），耳上两个吊吊（耳环），腰上两个扫扫（腰带），脚上两个翘翘（鞋尖上翘的两个尖角）"。屯堡女性服饰是典型的安徽凤阳汉装，是从明代传承下来的汉族传统服饰。凤阳汉装如今在安徽已失传，在屯堡却保存了下来。

屯堡未婚女性将长发拢于颈后，梳成一条辫子，头上不包帕子。已婚女性将头发分为三绺，左右两小绺在耳前倒绾上去，形成双鬓，主要的一绺在脑后绾成圆髻，别上长簪，罩以马尾编成的发网，再从额顶至后脑勺包上帕子，已婚青年女性头包白帕，老年女性头包青帕。清咸丰《安顺府志》记载："屯军堡子……妇人以银索绾发髻，分三绺，长簪大环，皆凤阳汉装也。"

女性上衣为右衽大袖长袍，长过膝盖半尺，袖子略短，袖口宽大，以宝蓝色、天青色、茄紫色、藕荷色、绿色、绛色为主，斜襟及袖口处用不同颜色的布条装饰并绣花边。裤子一般用青色、蓝色的布缝制，长至脚踝。

腰部有丝头系腰和围腰腰身部分。丝头系腰长丈余，中间部分用棉线和麻线编织成板块状的硬带，两头缀着数十根长约1尺的丝线。在腰间包扎成圈后，在身后打结，让两头的丝线同长。行走时，丝线左右摇摆，有一种动感美。丝头系腰织造方法复杂、费时，所用材料考究，价格昂贵，屯堡女性以拥有丝头系腰为荣，也是男女定亲的必备物。围腰既是装饰品，又可以挡污，一般下摆呈弧形，上部有不同布料的镶边，左右各有长 10 厘米的带套，带子上有朴素的花纹。使用时将特制的围腰布带穿入带套中，在腰后打结，布带下垂。

屯堡女性不缠足，过去人称"大脚妹"。《平坝县志》记载："凡住居屯堡者，工作农业，妇女皆不缠足。"脚穿绣花鞋，鞋尖起倒钩（过去内藏利器，用于自卫），鞋帮用白布之类的布料做成，鞋底用多层布以糨糊黏合后，再用手工搓成的麻线纳成。

图 7-13
屯堡女性服饰

男性服饰以对襟短衣和大襟长衫为主。对襟短衣从中系扣，俗称"三个荷包"，因在右上胸前和两个下摆各有一个口袋而得名。对襟短衣一般用青、蓝、白色布加工而成，缝5颗或7颗布纽扣。穿长衫时，头包青布头帕或毛线头帕，腰系青布腰带，裤子的裤腰、裤脚宽大。夏季着短衣，穿草鞋或布鞋。冬季着长衫，穿布面皮底钉子鞋。

八、水族服饰习俗

水族因发祥于睢水流域而得名，民间有"饮睢水，成睢人"之说。水族的族名以"水"代"睢"，与唐代开元年间在今黔桂交界的环江一带设置以安抚水族先民为主体对象的羁縻抚水州有关。对于水族的来源，有殷人后裔说、百越（两广）源流说、江西迁来说、江南迁来说等。据《百越源流史》记载，大约在殷商灭亡后，水族先民从中原往南迁徙。南迁之后可能融入百越的骆越支系中，然后逐步发展成单一民族。现在，水族主要分布于黔桂交界的龙江、都柳江上游地带，贵州省黔南布依族苗族自治州三都水族自治县、荔波县、独山县、都匀市等地为水族主要居住区，黔东南苗族侗族自治州榕江县、丹寨县、雷山县、从江县、黎平县等地为水族主要散居区，此外在广西壮族自治区河池市、柳州市融水苗族自治县和云南省曲靖市富源县等地也有水族村落。

水族男性服饰简朴，现在已与汉族服装类似，在民族节日或喜庆时刻可见到少数人身穿对襟上衣、头包白头巾。部分老年男性还在庄重场合穿长衫，外罩马褂，用短帕包头。

水族女性服饰种类较多，按其特色可分为以下五种类型：

图 7-14 水族女装
图片来源：三都水族自治县人民政府官网

三都水族自治县城关、水龙、周覃地区及毗邻的独山县基长地区女性将长发梳向右侧，绾成一把横向左额前，右侧发际斜插一把木梳，外包白头帕，木梳及额前头发露于头帕外；着蓝色大襟半长衫，靛青色长裤；系绣花长围腰，围腰上端以银链挂于颈上，腰间两侧有提花飘带，用来系紧围腰，飘带系好后拖于身后；脚穿尖钩绣花鞋或元宝盖绣花鞋。已婚女性的衣襟、袖口、裤脚等处均缀斜面青布大绲边，外缘镶两根绲条，绲条外再镶上花边。

三都水族自治县与黔东南苗族侗族自治州榕江县、雷山县毗连地区水族女性的装束为：衣袖与裤脚窄小，头包白头巾，扎于颈后，发髻盘于顶，外罩花格方巾。

三都水族自治县九阡镇、荔波县的水族女性喜着青紫色无领、右衽大襟衣，系不绣花的素净长围腰，上有精致银链和绣工讲究的飘带。已婚女性不系围腰，束长方形青紫色腰巾。

都匀市水族女性的衣裤均镶花边，衣长近膝，衣身、衣袖、裤脚均宽大；围腰短，不配银链，系腰带；用长帕包头，外用一块白毛巾横扎。

三都水族自治县牛场、普安等地与苗族杂居的水族女性，除长帕包头习俗尚保留着水族的特点以外，衣饰与当地苗族已无大的区别。[①]

在重大节日，水族女性着盛装，上衣是对襟、宽袖黑色短衣，下身穿黑色百褶裙，套穿长裤，脚穿尖钩绣花鞋，佩戴各种银饰。

水族人擅长刺绣，尤以马尾绣独具特色。方法是将白色马尾缠绕上白丝线，用其勾勒出各种图案轮廓，中间用彩色线填充绣制。

---

① 中国特产大典编审委员会贵州卷编委会.中国特产大典：贵州卷[M].贵阳：贵州人民出版社，2011.

第二部分 | 各文化区的乡村传统服饰与习俗

图 7-15 水族马尾绣

九、哈尼族服饰习俗

哈尼族源于古代羌人,历史名称有和夷、和蛮、和泥、禾泥、窝泥、斡泥、俄泥、阿泥、哈尼、罗缅、糯比等。公元前3世纪活动于大渡河以南的和夷部落,就是今天哈尼族的先民,是古氐羌人南迁的分支。现在,哈尼族主要分布于我国云南省红河哈尼族彝族自治州、普洱市墨江哈尼族自治县、玉溪市元江哈尼族彝族傣族自治县、普洱市江城哈尼族彝族自治县、普洱市宁洱哈尼族彝族自治县、普洱市镇沅彝族哈尼族拉祜族自治县等地,云南省西双版纳傣族自治州和国外的越南、老挝、缅甸、泰国也有分布。

哈尼族崇尚黑色,黑色和接近黑色的藏青色为哈尼族传统服饰的主色调。从整个哈尼族的服饰来看,虽色调较单一,但款式和装饰众多。

男装式样简单。青年男性的上衣多为竖领、长袖对襟衣,从衣领到衣襟处纵排缝着布纽扣,裤子为大裆裤,裤脚较大。中年、老年男性的衣服没有装饰,为对襟衣或斜襟衣,裤子也是大裆裤。包头布为白色或黑色。

女性服装上身有长衣、短衣,斜襟、对襟,有领、无领,有扣、无扣,长袖、短袖之分;下身有长裤、中裤、短裤、长裙、中裙、短裙之别。有学者将其大致分为长衣长裤型、长衣长裙型、短衣长裤型、短衣短裤型、短衣短裙型等。

长衣长裤型流行于自称或他称哈尼、堕尼、罗毕等分支的哈尼族中。上衣无领、斜襟、左衽,长及大腿中部,有的长及小腿,领口和袖口有特别的装饰。裤子一般长及小腿下方,大裆、大裤脚,不分前后裆,有的在裤脚处采用贴布、绣花、钉花边等工艺来装饰

图 7-16 哈尼族女装

和加固。

长衣长裙型流行于自称卡多、碧约、堕塔等分支的哈尼族中。上衣无领、斜襟，两侧腋下开衩，长及大腿中部。裙子一般长及脚跟。这类服饰总体上装饰较少，特点是宽松、朴素。

短衣长裤型流行于罗美、腊咪、果觉等分支的哈尼族中。上衣无领、斜襟、左衽，在右锁骨和右腋窝下方各钉一对纽扣，袖口、斜襟边沿和前摆边沿部位有装饰。上衣外穿对襟坎肩，一般无扣，以银链、银币、彩色串珠等装饰胸前的部位。裤子为大裆裤，部分地区的人小腿上套绣制精美的护脚套。

短衣短裤型主要流行于白宏、奕车分支中。外衣无领、无襟，下摆呈半圆形，两侧是圆形。里面的衣服也无领、无襟，在左侧镶17个假布扣，面料用青靛染色后涂抹一层牛皮胶。下身裤子短化至紧身裸腿，适合劳作。

短衣短裙型主要流行于西双版纳的哈尼族中。上衣一般无领、对襟、无扣，腋下两侧开衩，两边腋窝部位有三角形口子，袖子较长且绣饰精美。穿对襟上衣时，必须穿胸衣，胸衣装饰精美，除了用针线绣制各种图案以外，还配上银泡、银牌、银链等装饰品。下身穿百褶短裙，长不过膝。小腿套绣制精美的护腿套，与短衣、短裙相配。①

哈尼族女性一生至少有三次较大的服饰变化，孩提、青年、婚后服饰各有特点。

十、白族服饰习俗

白族属于氐羌系的一支，其族源是多元的。唐僖宗乾符四年（877），南诏酋龙卒，子法（隆舜）立，自号"大封人"。"大封人"这个专用名称的出现，标志着白族的形成。白族自称"白子""白尼""白伙"，统称为"白人"。他称有民家、那马、勒墨、

---

① 李期博.哈尼族妇女服饰及其审美内涵[J].民族艺术，1996（4）：168-174.

勒布等60多种。1956年，根据广大白族人民的意愿，正式确定以白族为统一族称。现在，白族主要分布在云南、贵州、湖南等省，其中以云南省的白族人口最多，四川省、重庆市等地也有分布。

云南省大理白族自治州是白族的族源地、祖居地和主要聚居地，此州的白族服饰可分为山区、坝区、洱滨区三种。

山区白族服饰以云龙、剑川、洱源山区白族服饰为主要代表。这些地区的白族人对山区自然条件依赖性较强，服饰也一定程度上反映了这一特点。服饰色彩以红色、蓝色、绿色为主，接近大自然的颜色，色彩对比鲜明。为了御寒保暖，这些地区的白族服饰布料较厚实、粗糙，穿戴烦琐。相较而言，他们的头饰、腰带、飘带上的刺绣、挑花没有洱滨区白族的刺绣、挑花精细，但色彩艳丽、图案朴拙。以云龙山区白族女性服饰为例，她们头戴黑色菱形大包头，在菱形大包头的右顶端插一束花，右下有串珠飘带，左下垂着黄色的串珠和洋红色的缨须；内穿红色绣花长袖衣，外穿右衽黑色金绒衣，衽部绣花，并用洋红、白色线条装饰，袖口处绣菊花；背披白色羊皮褂；腰系黑色宽、长大围腰，围腰的下摆绣大朵牡丹花、山茶花，围腰两侧绣镶对称的凤凰，再系一条红色绣花飘带；下身穿黑色长裤，裤脚绣花；脚穿胶底绣花鞋。

坝区白族服饰以洱源、剑川、鹤庆白族服饰为主要代表。生活在坝区的白族以农耕为主，服饰色彩以冷色调为主，除了领褂色彩为较鲜艳的红、蓝色以外，服饰的特点主要表现在袖口、裤腿边的装饰。此外，他们比较注重胸前的装饰，胸挂刺绣、挑花方巾，佩戴精美的银饰。以剑川三河白族女性服饰为例，她们头戴用多层布将发辫包住后扎成兔子耳朵形状的包头，外用玫瑰红的毛线将头巾缠住；上身穿以淡蓝色、红色为主的衣服，内穿淡蓝色右衽长袖衣，衣襟前短，后长至臀部以下，衣袖上用黑色布料做两道袖箍，近袖口处用深蓝色的布料再做一道袖箍，袖口为淡蓝色；外套红色右衽领褂，领褂前短，后长至臀部，领口、衽边用黑色金绒绲边，右衽大襟上挂三块挑花方巾和绣花方巾；背披白色七星羊皮褂；腰系黑色围腰，围腰下摆镶边，围腰两边用淡蓝色的布作装饰，腰上系两条挑花飘带，一条为蓝色，另一条为黑色，腰前系蓝色挑花飘带，腰后系黑色挑花飘带，最后在腰上系一条两米长的蓝色布带；下身穿灰色或黑色长裤；脚穿用布条自编的前面有绣球的凉鞋或胶底绣花鞋。

洱滨区白族服饰以大理市郊、喜洲、挖色等洱海周围地区的白族服饰为主要代表。他们临水而居，以捕鱼、农耕生活为主，生活环境较好，服饰给人清新、明快之感。以大理市喜洲镇周城村白族服饰为例，过去这里的白族男性缠白布包头；上身穿立领、对襟布纽衣，里面穿白色衣服，再穿蓝色衣服，外面穿黑色或藏青色衣服，三件衣服都是敞开的，露出兜肚，外套一件麂皮或山羊皮领褂；下身穿白色或蓝色大裆裤；脚穿布底剪口鞋；肩挂绣花挂包。女性头戴色彩鲜艳的绣花头巾，绣花头巾上端有雪白的绒毛，发辫盘于绣花头帕外，缠以大红绒线；服装以白色、蓝色为主，上身穿白色紧袖裳，外套红色或蓝色右衽领褂，领褂纽扣上挂三须或五须银链，银链上缀挂件，有银质的针筒、鱼、牙签、耳勺等；手戴金、银、玉质手镯和戒指；耳戴金、银耳坠；手袖上套绲边的大袖、小袖，并在袖上镶各式花边；腰系绣花短围裙或白色底、镶黑边的素面短围腰；下穿白色或蓝色绲边长裤，裤腿镶花边，花边上绣各种图案；脚穿绣花尖鞋，鞋面为红、粉、绿、黑等颜色，上面绣着艳丽的花纹。

图 7-17 白族女装

第八章
蒙古文化区乡村传统服饰与习俗

第一节 蒙古文化区概述

蒙古文化区包括内蒙古自治区除东北部大兴安岭山脉以外的地区，宁夏回族自治区北部的银川、石嘴山，河北长城以北小部（承德、张家口各一部分），以及甘肃北山以北沙漠地带。

蒙古文化区以蒙古族为主体，另外还有汉族、回族、满族、达斡尔族、鄂温克族等民族。其位置偏北，地势较高，为较平坦的高原，距海较远，冬季长而冷，夏季温暖而短促，降水少且集中。中部、东部由蒙古高原和黄河河套内的鄂尔多斯高原组成，两座高原之间横亘着阴山山脉。这两座高原和一条山脉，是本区牧场主要分布地区，牧业较发达，也是黄河灌溉农业较集中的地区，农牧交错地带是常见的一类土地利用景观。在狼山、贺兰山一线以西，为阿拉善高原，气候干旱，牧场质量较差，有大片不适宜牧民生活的沙漠、戈壁。[①]

蒙古文化区被列入国家级非物质文化遗产代表性项目名录的服饰类有蒙古族服饰，被列入自治区级非物质文化遗产代表性项目名录的服饰类有乌珠穆沁服饰、鄂尔多斯服饰、满族服饰、察哈尔服

---

① 吴必虎，刘筱娟. 景观志[M]. 上海：上海人民出版社，2013.

饰、苏尼特服饰、乌拉特服饰、土尔扈特服饰、喀尔喀服饰、和硕特服饰等，下文主要介绍乌珠穆沁服饰习俗、鄂尔多斯服饰习俗、喀尔喀服饰习俗、阿拉善和硕特服饰习俗。

第二节　蒙古文化区乡村传统服饰习俗

"蒙古"一词是"忙豁勒"的音变，最早见于《旧唐书》，书中表述为"蒙兀室韦"。"蒙兀"是"蒙古"一词最早的汉文译名，后来又有"蒙骨""朦骨""萌骨子""盲骨子""萌骨"等许多同音译名。"蒙古"的汉文译写始见于元代文献。

额尔古纳河（唐代称"望建河"）东岸地区是蒙古部的历史摇篮。大约在7世纪，蒙古部开始向蒙古草原迁移。12世纪，它已经散布在今鄂嫩河、克鲁伦河、图拉河的上游和肯特山以东一带，并分衍出乞颜、札答兰、泰赤乌等许多部落。蒙古部以外，在蒙古草原和贝加尔湖周围的森林地带，还有塔塔儿、翁吉剌、篾儿乞、斡亦剌、克烈、乃蛮、汪古诸部。它们大小不等，经济、文化发展水平也不平衡。游牧在草原上的被称作"有毡帐的百姓"，主要从事畜牧业；居住在森林地带的被称作"林木中的百姓"，主要从事渔猎。11世纪，他们结成了以塔塔儿为首的联盟，强大一时。因此，"塔塔儿"或"鞑靼"曾一度成为蒙古草原各部的通称。宋、辽、金时代，漠北的蒙古部统称为"黑鞑靼"，漠南的汪古部为"白鞑靼"。有时鞑靼也泛指中国北方各民族。13世纪初，以成吉思汗为首的蒙古部统一了蒙古地区诸部，并逐渐融合为一个新的民族共同体。"蒙古"一词由原来一个部落的名称变为民族名称。现在，蒙古族主要居住在内蒙古、新疆、辽宁、吉林、黑龙江、甘肃、青海、河北等省区的各蒙古族自治州、县，还有少数聚居或散居于宁夏、河南、四川、云南、北京等省区市。

  在长期发展过程中，蒙古族创造了许多独具风采的服饰。受多

图 8-1
蒙古族服饰

元文化的影响，蒙古族服饰在继承和发展传统款式的基础上，形成了具有地方特色的服饰，在内蒙古自治区就有 28 种具有代表性的不同款式的服装，乌珠穆沁服饰、鄂尔多斯服饰、喀尔喀服饰、阿拉善和硕特服饰是其中四种。

一、乌珠穆沁服饰习俗

乌珠穆沁是蒙古族的古老部落之一，从乌珠穆山迁至现居住地以来，形成与其他部落不同、种类众多的服饰文化体系。乌珠穆沁服饰包括头饰、帽子、长袍、坎肩、配饰、靴子等。

头饰由额箍、额网帘饰、耳挂饰、鬓侧饰等组成。

男女在夏季和秋季都戴圆顶立檐帽，椭圆形，前后直径略长，帽檐前高后低，具体外表略有不同；冬季主要戴风雪帽。

男性长袍以蓝色、绿色、紫色、棕色、白色为主，左右开衩，下摆没有镶边；女性长袍以天蓝色、绿色、红色、紫色、白色为主，可有袖箍装饰，左右开衩或不开衩。男女长袍都以绸、缎、棉布、动物毛皮等为面料，款式肥大，立领或小方翻领，右衽大襟，马蹄袖，袖长过膝。袍服周边和领口镶库锦缎边。领口和腋下各缀一道扣袢，大襟和垂襟各缀两道扣袢。夏季穿单袍、夹袍，春季、秋季穿棉袍，冬季穿白茬皮袍、熏皮袍，逢年过节时穿吊面皮袍。

男女腰带都长 5 米左右，多为蓝色、黄绿色、橘红色、紫红色、黄褐色绸缎腰带。不同的是，男性腰带较宽，女性腰带较窄。

男性坎肩短而肥，立领或圆形凹领，有小对襟，右衽大襟，前后左右开衩。坎肩周边镶各色库锦缎边。面料以团花缎、丝绸、丝绒、平绒为主，颜色以蓝色、棕色、黑色为主。未婚女性着短坎肩。

已婚女性着长坎肩，圆形凹领，对襟，前后左右开衩。坎肩周边镶各色库锦缎边。胸前有四片对称的矩形装饰，袖窿下有孛勒挂套，孛勒挂套下端缀三道扣襻。开衩上端绣制云头纹装饰。面料以青缎、团花缎、锦缎为主，颜色以蓝色、绿色、黑色为主。

男性配饰有"陶海"（一种银挂饰）、火镰、蒙古刀、褡裢、鼻烟壶、烟袋、烟荷包、戒指等。女性配饰有"孛勒"（一种华贵的腰侧银质装饰）、银手镯、玉石手镯、镶嵌珊瑚或绿松石的金银戒指等。

靴子为翘尖香牛皮靴，用黑色香牛皮制作靴帮，用绿色夹条连在一起，熟牛皮纳衬厚底子，女性靴子靴帮上有云纹、吉祥结等图案。

二、鄂尔多斯服饰习俗

鄂尔多意为宫殿、宫帐。鄂尔多的复数为鄂尔多斯，即宫帐群。成吉思汗去世后，将遗体迁往漠北草原时，在鄂尔多斯留有成吉思汗及其夫人遗物的祭祀宫帐，由八个白色的蒙古包组成，称"八白室"，后鄂尔多斯之名沿用至今。

鄂尔多斯未婚女性不戴头饰，中老年女性在隆重场合戴没有额网帘饰的全套头饰，平时只戴发棒。全套头饰由额箍、额网帘饰、鬓侧饰、耳侧饰、发棒、脑后饰组成。额箍外形呈环形圈状，饰于头围，上面排列一周嵌珊瑚的圆形掐丝鎏金银托座饰件。额网帘饰由银珠、珊瑚、玛瑙坠穿连成网状珠帘，中间长至眉心处，呈倒"人"字形。鬓侧饰长约 40 厘米，由珊瑚、松石珠串连成流穗，尾端用几十个小银饰链做坠。耳侧饰以嵌绿松石的錾花银饰为核心，

第二部分 | 各文化区的乡村传统服饰与习俗

图 8-2 鄂尔多斯女性头饰

由上百粒珊瑚珠排列成左右对称的两个长方形圆角侧饰。发棒是垂在左右两侧发辫上的束发装饰物，呈上宽下窄的棒槌状，外表均匀排列红珊瑚珠，内侧竖向缀一排绿松石珠，尾端垂一排小银饰链。脑后饰以嵌绿松石的錾花银饰为核心，由上百粒珊瑚珠排列成"凸"字形后帘。

男性帽子为立檐平顶圆帽，顶饰宝石顶珠或红丝绳盘结的吉祥结，春季、秋季立檐缝制大绒、丝绒，冬季立檐缝制羔皮、貂皮、水獭皮。女性帽子为立檐坤帽，帽顶中间立有宝石顶珠或吉祥结，帽檐绣有装饰图案，冬季帽檐缝制貂皮、水獭皮、大绒、丝绒，帽后缀两条红缎绣花飘带。

男性长袍款式肥大，立领，有小对襟，右衽弧形大襟，平袖或马蹄袖，马蹄袖尖而大，宽下摆，左右开衩，袍服周边和领口镶库锦缎单边或宽窄两道边。颜色多为蓝色、乳白色、棕色，面料多为绸、缎、布、麻、动物毛皮。腰带长 5—6 米，绸类面料，多为黄色。夏季穿单袍、夹袍，春季、秋季穿棉袍，冬季穿白茬皮袍、熏皮袍、吊面皮袍。

女性长袍贴身、瘦长，立领，可有小对襟，右衽大襟，平袖或马蹄袖，马蹄袖小而圆，下摆窄，左右开衩，袍服周边和领口镶库锦缎单边或宽窄两道边。颜色多为乳白色、粉红色、淡蓝色、淡绿色。腰带主要为未婚女性系，长 5 米左右，绸类面料，颜色多样。

男性坎肩为短坎肩，短而肥，有小对襟，右衽大襟，前后左右开衩，坎肩周边和领口镶库锦缎宽边，缀长扣袢，钉铜扣或鎏金银扣。面料以绸、缎为主，颜色多为黑色、棕色。

女式坎肩主要是已婚女性穿，分为短坎肩、长坎肩两种。短坎肩为立领，领座与衣襟相连，琵琶襟，坎肩周边和领口镶库锦缎边，钉银扣或铜扣。长坎肩为弧形立领或圆形凹领，对襟，长过膝，前后左右开衩至腰下；坎肩周边镶库锦缎边；缀五道库锦缎扣袢，钉银扣或铜扣；腰部有分割结构，腰部中间饰一道装饰带，腰接口两侧有腰贴装饰。面料和男性坎肩相同，颜色多为蓝色、绿色、红色、黑色。

男性配饰有"陶海"、火镰、蒙古刀、褡裢、鼻烟壶、戒指、烟荷包等。女性配饰有"亨勒"、手镯、针线包、银三饰或银五饰、绣花鼻烟壶袋等。

男女靴子都为布靴，以青色布料或大绒为面料，靴勒短而宽，从靴头到靴口有一道缝脊，帮大底小，麻纳厚底。不同的是，男性靴子靴勒、靴帮部位以本色线或驼鬃线纳绣雅致的单色图案，女性靴子靴帮贴绣花卉、蝴蝶等图案。

三、喀尔喀服饰习俗

喀尔喀原为清代漠北蒙古族诸部的名称，因最初分布于哈拉哈河（又译为喀尔喀河）而得名。

喀尔喀人的头饰由尖顶立檐帽、牛角式发卡、发套、帽饰、鬓侧饰等组成。以尖顶立檐帽为中心，整体为牛角式，呈扇形。

男性春秋季主要戴尖顶立檐帽，女性的尖顶立檐帽帽檐比男式的略低。

男性长袍有单袍、夹袍、棉袍、白茬皮袍、熏皮袍、吊面皮袍，单袍和夹袍主要是夏季穿，棉袍主要是春秋季穿，白茬皮袍、熏皮袍和吊面皮袍主要是冬季穿。长袍以绸、缎、棉布、动物毛皮为面料，大多为藏蓝色、黑色、灰色，立领，可有小对襟，右衽弧形大襟，大马蹄袖，宽下摆，无开衩，周边和领口镶库锦缎边。

女性长袍分类、面料同男性长袍，大多为蓝色、绿色、紫色，立领，可有小对襟，右衽弧形大襟，隆泡袖，隆泡袖上有横向绗缝线，袖长过膝，袖上有横向绗缝线，有袖箍装饰，大马蹄袖，宽下摆，左右开衩。大襟和领边有相同的宽镶边。肩部和腰部为分割结构，腰接口前部有褶，后部无褶。前部褶上有跟大襟、领边类似的装饰。

男性坎肩面料以绸、缎为主，大多为蓝色、棕色、黑色，短而肥，立领，1—2厘米高小对襟，右衽弧形大襟（也有对襟、琵琶襟等形制），前后左右开衩，周边、领口镶库锦缎宽边。

女性坎肩面料同男性坎肩，大多为粉色、红色、天蓝色，为长坎肩，弧形立领或圆形凹领，对襟，前后开衩，周边镶库锦缎或彩条边，腋下有字勒挂套，腰部为分割结构，腰部抽褶，两侧有装饰。

男性配饰有"陶海"、火镰、蒙古刀、绣花褡裢、鼻烟壶、烟荷包等，女性配饰有"字勒"、"陶海"、手帕、鼻烟壶袋、针线盒等。

男女靴子都是布靴，翘尖，靴筒肥大，靴内用皮或毡做衬，用布做里，靴帮和靴筒上绣有吉祥纹等。

四、阿拉善和硕特服饰习俗

阿拉善和硕特蒙古族为成吉思汗之弟哈布图·哈萨尔（合撒儿）的后裔，现主要聚居在阿拉善左旗和阿拉善右旗。阿拉善和硕特蒙古族服饰与其他地区的蒙古族服饰有很多共同特征，但在漫长的历史发展与游牧迁徙过程中，又形成了自己的特色。

阿拉善和硕特人的头饰简单、素雅，以黑蓝色为主。发套用青色绸缎或薄绒缝制，下边以库锦缎或绦子为缘。顶饰由一对红珊瑚组成，在头顶连接两侧发套。额顶饰是用来压头发的一种装饰，镶有珠宝，上面还有金银吉祥图案。未婚女性不戴头饰，脑后梳辫。

男性冬季戴缝了狐皮、水獭皮或貂皮的四耳帽、三耳帽或圆顶立檐帽。女性春季、秋季主要戴圆顶立檐帽，冬季戴缝了狐皮、水獭皮或貂皮的四耳帽、三耳帽。

男女长袍均无马蹄袖，另做的马蹄袖在节假日或重要场合戴。马蹄袖有冬夏两种，冬季马蹄袖用皮革制作，夏季马蹄袖用绸、缎制作。

男性长袍多为深蓝色、浅蓝色、灰色，以绸、缎、棉布、动物毛皮等为面料，立领，有小对襟，右衽弧形大襟，平袖，下摆宽，左右开衩。袍服周边和领口镶库锦缎或绸缎边。腰带长5—6米，绸类面料，多为橘黄色、浅绿色。夏季穿单袍、夹袍，春季、秋季穿棉袍，冬季穿白茬皮袍、熏皮袍、吊面皮袍。

女性长袍多为蓝色、绿色，立领，可有小对襟，右衽弧形大襟，平袖，袖口窄，下摆宽，下摆与靴勒齐，没有开衩。袍服周边和领口镶库锦缎或绸缎边。腰带长5米左右，绸类面料，多为粉色、红色。

男女坎肩都是短坎肩，在礼仪性场合必须穿着。男性坎肩多为金黄色、青色，女性坎肩多为粉色、红色、天蓝色。

男性配饰有"陶海"、火镰、蒙古刀、褡裢、鼻烟壶、烟袋、烟荷包等。腰带右前侧挂银质"陶海"、火镰、蒙古刀，腰带左前侧挂褡裢，内装鼻烟壶、烟荷包等。女性配饰有"字勒"、金银耳坠、手镯、戒指等。

男女靴子都为矮勒布靴，以青色、黑色布为面料，从靴头到靴口为一缝脊，靴勒短而宽。不同的是，男性靴子靴口、靴帮、靴头至靴口的缝脊处镶库锦边，女性靴子靴口、靴帮、靴头至靴口的缝脊处镶多道库锦缎边和装饰花边。

第九章
新疆文化区乡村传统服饰与习俗

第一节 新疆文化区概述

新疆文化区的范围大致等同于新疆维吾尔自治区。新疆地处中国西北边陲，亚欧大陆腹地，自古以来就是东西方经济、文化交流的重要通道和枢纽，也是多种文明的传播汇聚之地。其中，中华文明是新疆从古至今从未中断过的文明体系。经过历代发展，新疆各民族文化同中原文化的交融不断加强，并与中原文化一起，共同铸就了多元一体、灿烂辉煌的中华文化。

最早开发新疆地区的是先秦至秦汉时期生活在天山南北的塞种人、月氏人、乌孙人、羌人、龟兹人、焉耆人、于阗人、疏勒人、莎车人、楼兰人、车师人，以及匈奴人、汉人等。魏晋南北朝时期的鲜卑、柔然、高车、嚈哒、吐谷浑，隋唐时期的突厥、吐蕃、回纥，宋、辽、金时期的契丹，元、明、清时期的蒙古、女真、党项、哈萨克、柯尔克孜、满、锡伯、达斡尔、回、乌孜别克、塔塔尔等，每个历史时期都有包括汉族在内的不同民族的大量人口进出新疆地区，带来了不同的生产技术、文化观念、风俗习惯，在交流融合中促进经济、社会发展，他们是新疆地区的共同开拓者。至19世纪末，已有维吾尔族、汉族、哈萨克族、蒙古族、回族、柯尔克孜族、满族、锡伯族、塔吉克族、达斡尔族、乌孜别克族、塔塔尔族、俄罗斯族等民族定居新疆，形成维吾尔族人口居多、多民族聚居的格局。目前，新疆共生活着 56 个民族，是中国民族成分最全的自治区级和省级行政区之一。

各民族服饰种类繁多、五彩缤纷。新疆文化区被列入国家级非物质文化遗产代表性项目名录的服饰类有维吾尔族服饰、哈萨克族服饰、塔吉克族服饰、柯尔克孜族服饰、蒙古族服饰等，被列入自治区级非物质文化遗产代表性项目名录的服饰类有回族服饰等，下文主要介绍维吾尔族服饰习俗、哈萨克族服饰习俗、塔吉克族服饰习俗、柯尔克孜族服饰习俗。

第二节　新疆文化区乡村传统服饰习俗

一、维吾尔族服饰习俗

"维吾尔"是民族自称，意为团结、联合、协助。在不同的历史时期，汉文文献对这个族名有不同的译写：4 世纪文献中称为"袁纥"，6 世纪末 7 世纪初文献中称为"韦纥"，788 年以后至 13 世纪 70 年代的文献中称为"回鹘"，13 世纪 70 年代至 17 世纪 40 年代的文献中称为"畏兀儿"，17 世纪 40 年代至 20 世纪初的文献中称为"回部""缠回"。

维吾尔族的族源可以追溯到公元前 3 世纪游牧于我国北方和西北贝加尔湖以南、额尔齐斯河及巴尔喀什湖之间的"丁零"（"丁灵""丁令"）。4 世纪以后，"丁零"又被称为"铁勒""铁历""赤勒""敕勒"，分布于西起伏尔加河、东至兴安岭的欧亚北方大草原上。由于他们使用的车轮高大，又被称为"高车"。活动于贝加尔湖一带的被称为东部铁勒，其中的"袁纥"部在5世纪时成为"高车"诸部之首，也就是7世纪时"铁勒"诸部中的"韦纥"。744年，统一了回纥各部的首领骨力裴罗受唐朝册封。788年，回纥统治者上书唐朝，自请改为"回鹘"。840年，回鹘汗国被黠戛斯攻破，回鹘人除了一部分迁入内地同汉人融合以外，其余分为3支。回鹘人相继融合了吐鲁番盆地的汉人，塔里木盆地的焉耆人、龟兹人、于阗人、疏勒人等，构成近代维吾尔族的主体。元明时期，新疆各民族进一步融合，蒙古人尤其是察合台汗国的蒙古人基本和畏兀儿人融为一体，为畏兀儿补充了新鲜血液。1934年，《新疆省政府令改缠回名称为维吾尔布告》发布，其中规定统一使用维吾尔作为汉文规范称谓。

新疆的维吾尔族主要分布在天山以南，塔里木盆地周围的绿洲是维吾尔族的聚居中心，其中尤以喀什噶尔绿洲、和田绿洲，以及阿克苏河和塔里木河流域最为集中。天山东端的吐鲁番盆地，也是维吾尔族较为集中的区域。天山以北的伊犁谷地和吉木萨尔、奇台一带，有为数不多的维吾尔族定居。此外，在我国湖南省桃源县和河南省渑池县，也有少量维吾尔族分布。

维吾尔族的传统帽子主要有皮帽和花帽两大类，冬季戴皮帽，夏季戴花帽。皮帽大多用羊皮制作，也有用狐皮、狸皮、兔皮、旱獭皮、海獭皮、貂皮等制作的。花帽工艺精湛，具有明显的地方特色。如喀什地区以男花帽著名，黑底白花纹为主，色彩对比强烈、格调典雅；和田地区、阿克苏地区库车市的花帽以优质的丝绒为面料，用色彩各异的丝绒编织纹样，疏密有致地穿插，使纹样透溢出独特的韵味；吐鲁番市的花帽以色彩艳丽著称，多以红色配翠绿色花纹;伊犁哈萨克自治州的花帽不仅突出线纹的流动感,而且具有素雅、大方的特点,花帽造型扁浅圆巧,纹样简约。南疆的维吾尔族女性出门除了戴花帽以外,还喜欢戴花头巾,个别女性还蒙面纱。

维吾尔族的服装一般比较宽松。男装比较简单,主要有"亚克太克"(长外衣)、"托

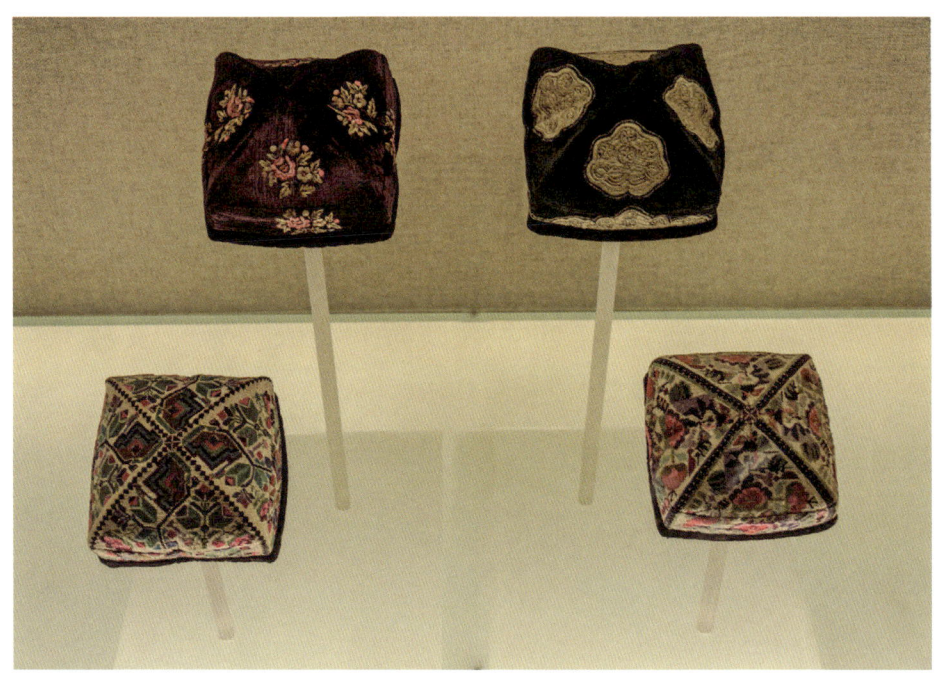

图 9-1 维吾尔族花帽

尼"（长袍）、"排西麦特"（短袄）、"尼木恰"（上衣）、"库依乃克"（衬衣）、腰巾等。男性传统外衣称为"袷袢"，夏季做成单衣，冬季做成棉衣，衣长过膝、宽袖、无领、无扣，中间系腰巾。腰巾可以是三角形的，也可以是长方形的，多为深色。腰巾中可放食物和其他小型生活用品，替代了口袋。衬衣多为套头式，胸前不开口，年轻人的衬衣在领口、袖口和胸前都绣有图案。裤子通常为大裆裤，样式比较简单，分单裤、夹裤、棉裤三种，主要用布料做，也有的用羊皮、狗皮等制作。

女装样式很多，主要有长外衣、短外衣、坎肩、背心、衬衣、长裤、裙子等。长外衣主要有合领、直领两种，衣服上缀有铜、银、金质圆球形、圆片形、橄榄形扣袢，衣领、袖口等处绣花。短外衣有对襟短上衣、右衽短上衣、半开右衽短上衣三种。女性普遍喜穿色彩鲜艳的连衣裙，外罩坎肩或上衣，在裙子里面穿长裤，裤子多用彩色印花布料或彩绸缝制，裤脚绣花。女性喜欢画眉、染指甲和戴耳环、手镯、戒指、项链等。发式也有讲究：未婚女性都梳小辫子，从几根梳到十几根；婚后，南疆女性一般梳4条辫子，前面小，后面大，然后前后结合，梳成两条长辫子，北疆女性一般只梳成两条发辫。

维吾尔族的鞋有"玉吐克"（皮靴）、"去如克"（皮窝子）、"买赛"（软靴）、"开西"（多在夏季穿的类似套鞋的皮鞋）、"喀拉西"（套鞋）。维吾尔族的鞋、靴多用牛羊皮革做成。维吾尔族男女都喜欢"玉吐克"，中老年人多穿"买赛"，外面加穿"喀拉西"。

图 9-2 维吾尔族坎肩

图 9-3 维吾尔族女靴

二、哈萨克族服饰习俗

哈萨克族的族源比较复杂，一般认为，主要是由古代的乌孙、康居、阿兰（奄蔡）人和原在中亚草原的塞种人、大月氏以及之后进入这个地区的匈奴、鲜卑、柔然、突厥、铁勒、契丹、蒙古等各族人融合形成的。现在，哈萨克族主要分布于新疆维吾尔自治区伊犁哈萨克自治州、昌吉回族自治州、哈密市巴里坤哈萨克自治县、乌鲁木齐市等地的天山草原及与新疆毗邻的甘肃省酒泉市阿克塞哈萨克族自治县。居住在青海省原海西蒙古族藏族哈萨克族自治州的哈萨克族，在党中央和国务院的关怀下，大部分于1984年返回新疆。

过去，哈萨克族绝大多数人过着逐水草而居的游牧生活，其服饰带有浓郁的草原畜牧生活特征，牧民主要用牲畜的毛皮作为衣服的原料。

男性内穿套头式高领衬衣、对襟坎肩，外穿布面或皮大衣，腰束皮带，下穿便于骑马的大裆裤，头戴帽子。衬衣多以白布制作（也有别的颜色或带格纹的），领口绣有彩色图案。布面大衣主要用条绒、华达呢做面，颜色多为黑色、咖啡色等深色，结实、耐脏。皮大衣原材料以羊皮为主，也用狼皮、狐皮或其他珍贵兽皮。腰带通常是牛皮制的，上面除了压有花纹以外，还镶嵌着金、银、宝石等各种装饰品。腰带右侧佩有精美的刀鞘，内插腰刀。为了便于上下马，裤子用羊皮缝制成大裆裤，宽大结实、经久耐磨。夏季一般戴用薄白毡制成的翻边帽，冬季戴"吐马克"或"库拉帕热"。"吐马克"呈四棱尖顶状，顶上饰有猫头鹰毛，有两个耳扇，一个尾扇。"库拉帕热"形似圆锥体，内缝狐皮或黑羊羔皮，外面饰以色彩艳丽的绸缎。夏季的靴子底子较薄，打猎时穿的靴子后跟很低，轻便柔软，易行，且不易被猎物察觉。长筒靴子有高跟，长及膝盖，全牛皮制成，在靴底钉上铁掌，结实耐用。穿长筒靴时常穿毡袜，袜口用绒布镶边。软鞋子没有高后跟，往往和套鞋一起穿。在牧区，套鞋使用比较广泛，能保护软鞋不受雨雪侵蚀，进帐篷时脱去套鞋即可，十分方便。

图 9-4
哈萨克族服装

图 9-5 哈萨克族女装

女性服饰比男性服饰要复杂一些，款式繁多，做工极为讲究，而且随着年龄的变化，着装也有所不同。年轻姑娘喜欢穿连衣裙，裙袖有美丽的绣花，裙摆阔大，自然成褶；上身外套紧身坎肩，坎肩上绣有美丽的图案，并缀有各种各样的饰品。未婚女性头上戴的是"塔克亚""别尔克""特特尔"。"塔克亚"是一种斗形帽，下檐略大，彩缎做面，帽壁有绣花，帽上缀珠，顶上插猫头鹰毛。"别尔克"是用水獭皮做的圆帽，与"塔克亚"类似，只是夏季扎各种颜色的三角形和正方形头巾。"特特尔"是一种四方的头饰，上面绣着各种花纹图案，折起多褶，扎在头上。未婚女性还喜欢在发辫上别上发带。新婚女性要穿1年特制的衣服，这种衣服的帽子和衣服连在一起，用红绸制作，一年后可以换上套头的盖巾。中年女性夏季喜欢穿半袖长襟"袷袢"和坎肩，多在胸前下摆用彩绒绣边，两边有口袋；冬季喜穿用羊羔皮裁制的带布面的"衣什克"，或穿绣有图案、罩以绸缎面的"库鲁"（皮大衣）等。已婚女性一般要戴"沙吾克烈"，它是一种面用布、绒、绸制作，里用毡制作的帽子。这种帽子绣满了花卉图案，并嵌有金银珠宝，有一串串珠子垂于脸前。生了孩子后，要戴上套头和盖巾。盖巾用白布制作，上有图案，宽大，盖上后可遮住全身，只露出脸颊。盖巾上有金银别针，在用各种颜色绣制的图案中有"颏克"花纹。如果盖巾上没有绣"颏克"花纹的话，说明这位女性已成寡妇。女性的鞋、靴也有多种样式，通常穿皮靴加套靴，较讲究的还要在袜子上绣花，在套鞋上进行装饰。[①]

---

① 张雷军.张雷军学术文集[M].昆明：云南人民出版社，2011.

三、塔吉克族服饰习俗

塔吉克族的族源可上溯到公元前若干世纪分布在帕米尔高原东部操伊朗语的诸部族，这些部族很早就分布在我国天山以南的许多地方。11世纪时，突厥游牧部落将中亚地区操伊朗语、信奉伊斯兰教的人民统称为"塔吉克"。后来，塔吉克逐渐成为这个地区人民的民族自称。现在，塔吉克族主要聚居于新疆维吾尔自治区喀什地区塔什库尔干塔吉克自治县，其余分布在南疆的泽普、莎车、阿克陶、叶城、皮山等地。

塔吉克族的服装以棉衣、夹衣为主，没有明显的四季更替服装，但具有鲜明的民族特色。

男装多为青、白、蓝色。男性一般内穿套头衬衣，外罩深色无领、对襟长外套，系绣花腰带，右侧挂一把小刀，脚蹬马靴，头戴帽子，寒冷时加穿大衣和不带布面的皮大衣。夏季戴白布缝制和刺绣的谢伊达小圆帽。成年男性一般戴黑绒圆高筒"吐马克"帽，帽上绣有数道细花纹和一道花边，帽里用优质黑羔皮缝制，帽的下檐卷起，露出毛皮，青少年则戴同样的白色帽。"吐马克"帽非常适宜高原山区使用，天气暖和时可以折起帽圈，天气寒冷时可以放下帽圈护住双耳和面颊。

女装颜色鲜艳。女性平时穿连衣裙和长裤，夏季在裙外加背心，冬天外罩棉"袷袢"。老年女性一般穿蓝、绿色连衣裙，年轻女性穿红、黄色连衣裙。为了美观和保护裙子，已婚女性常系彩色围裙。在塔吉克族女性中，几乎人人都有一顶或几顶带耳围、厚实的圆顶帽，帽子顶部和四周用白布做底，上面绣满了塔吉克族女性喜爱的图案，色彩艳丽，帽子后面垂有一块厚帘，遮住后脑和两耳。

| 第二部分 | 各文化区的乡村传统服饰与习俗

图 9-6
新疆塔吉克族女服

出门时，帽外加方形大头巾，一般为白色大头巾，新嫁娘则用红色大头巾，小姑娘也有用黄色大头巾的。女性大都喜爱装饰，盛装时帽檐上加一排小银链，戴大耳环，颈绕数道珠链，胸前佩戴名为"阿勒卡"的圆形大银饰。

男女都着毡袜、毛线袜，外套长筒皮靴。靴子一般用野生公山羊皮或其他动物毛皮做靴筒，用牦牛皮做靴底，轻柔、坚实，适于攀缘山路。

四、柯尔克孜族服饰习俗

"柯尔克孜"是民族自称，也是其他民族对该民族的称呼，国外同源民族被汉译为"吉尔吉斯"。柯尔克孜族历史悠久，《史记·匈奴列传》中就有对柯尔克孜族先民的记载。公元前3世纪末，在匈奴征服的北方诸族中，有"鬲昆"，《汉书》作"隔昆"，即柯尔克孜族的先民，"鬲昆"是当时柯尔克孜的译音。从《史记》的记载看，当时的"鬲昆"居住在匈奴以北，在今蒙古国西北的吉尔吉斯湖周围，其活动地区为阿辅水（阿巴根河）与剑水（叶尼塞河）之间。隋唐之际，柯尔克孜族被称为"契骨"，最早受突厥的统治并与突厥有姻亲关系。唐代乾元年间，契骨被回纥打败，臣服于回纥，此后被称为黠戛斯。《辽史》中称黠戛斯为辖戛斯。元代称柯尔克孜族为乞儿吉思或吉利吉思。清代称柯尔克孜族为布鲁特。

现在，柯尔克孜族主要聚居于新疆西南部的克孜勒苏柯尔克孜自治州，其余分布于新疆南部的乌什、阿克苏、温宿、拜城、塔什库尔干、疏附、英吉沙、莎车、皮山、和田与新疆北部的昭苏、特克斯、巩留、塔城、额敏、乌鲁木齐等地。此外，在黑龙江省齐齐哈尔市富裕县友谊达斡尔族满族柯尔克孜族乡五家子村也有柯尔克孜族聚居，是18世纪从新疆迁去的。

柯尔克孜族男装多为黑、灰、蓝色。男性一般内穿竖领单襟扣领衬衣，外套无领"裕袢"，腰间系一根皮带，挂一把小刀，下身穿着条绒裤或皮裤，脚穿长筒马靴。一年四季常戴的帽子是白毡帽，白毡帽样式多为四棱平顶或圆尖顶，帽檐里面镶一道黑边，向上翻卷。

图 9-7　柯尔克孜族的帽子

有的白毡帽帽檐左右两侧各开一道口，将其分成前后两半，同时上卷，可以遮雪避雨；前檐垂下，可以遮蔽阳光；两檐同时垂下，可以防风沙。冬季戴用羊羔皮、狐皮做的皮帽，有一种用黑羔皮或狐皮做的圆形高顶皮帽，它的护耳特别长，既可以卷上去，也可以放下来，外出时可以抵挡 $-30\,℃$ 的严寒；还有一种边缘用羊羔皮或狐皮做的圆形高顶皮帽，顶部用绸缎，其他部位用灯芯绒。

  柯尔克孜族女性喜穿红色短装或连衣裙。衬衣为直领，宽大，显得舒适。裙子多褶，呈圆筒状，上端束于腰，下端镶制毛皮，显得华丽富贵。女性无论婚否，都喜欢穿黑色或紫红色的坎肩，姑娘的坎肩前胸缝有彩色有机玻璃扣、银扣、铜钱、银币等。饰品有耳环、戒指、手镯、项链等。女性喜欢戴红色、黄色、蓝色头巾，年纪大一点的女性戴较素的头巾，年轻女性戴一块漂亮的头巾，还要戴一种名叫"塔克西"的圆形金丝绒花红帽。有的还在长长的辫子上系链子和银圆，表示吉祥和富有。冬季除了围围巾以外，也戴皮帽，以抵御寒冷。

第十章
青藏文化区乡村传统服饰与习俗

第一节 青藏文化区概述

青藏文化区主要指青藏高原所在地区的文化景观,包括西藏自治区全部、青海主要部分(属黄土高原的西宁和海东市除外)、四川西北藏族聚居区、云南西北藏族聚居区。青藏高原上生活的居民主要是藏族,另外还有一些其他民族。

依托于青藏高原的青藏文化是一种高原文化,带有明显而又深刻的青藏高原烙印。但青藏文化从一开始就不是与外部隔绝的封闭的文化,而是一种开放的,与周边地域互相依存、共同发展的外向型文化,基本特征是多个族群、多种宗教、多元文化并行发展。从古至今,有许多民族曾生活于这片土地上,经过漫长的岁月后,最终形成了藏族、汉族、蒙古族、回族、撒拉族、土族、门巴族、珞巴族、纳西族、怒族等世居民族。佛教文化、伊斯兰教文化、道教文化、儒家文化、农业文化、牧业文化、少数民族文化等融合形成青藏文化。

青藏文化区被列入国家级非物质文化遗产代表性项目名录的服饰类有蒙古族服饰、藏族服饰、珞巴族服饰等,被列入省级、自治区级非物质文化遗产代表性项目名录的服饰类有玉树藏族服饰、青海华热服饰、青海安多藏族服饰、羌族服饰、僜人服饰等,下文主要介绍藏族服饰习俗、珞巴族服饰习俗、羌族服饰习俗、僜人服饰习俗。

第二节 青藏文化区乡村传统服饰习俗

一、藏族服饰习俗

藏族是汉语称谓。藏语对居住在不同地区的人有不同的称谓：居住在西藏阿里地区的人自称为"兑巴"，后藏地区的人自称为"藏巴"，前藏地区的人自称为"卫巴"；居住在西藏东部和四川西部的人自称为"康巴"；居住在西藏北部、四川西北部、甘肃南部、青海地区的人自称为"安多哇"。统称为"博巴"。

藏族最早聚居于西藏雅鲁藏布江中游两岸，在聂拉木、那曲、林芝、昌都等地的考古发掘中，曾发现旧石器时代和新石器时代的文化遗存。根据古藏文历史文献记载，西藏山南最早由氏族组成了称为"博"的六牦牛部诸部落，在《后汉书·西羌传》中称为"发羌"。7世纪，汉文文献中称为"吐蕃"。现在，藏族主要分布于我国西藏、青海、甘肃、四川、云南等省区。

青藏高原属于高寒地区，气候干燥，日温差大，年温差小。在这样的气候环境下，藏族服装不仅要保暖，还要易于穿脱。再加上生产、生活方式的影响，民族文化交流的差异等，使藏族服饰剪裁考究、配色独特、风貌各异。学者们有的根据藏族方言，把藏族服饰划分为卫藏服饰、康巴服饰、安多哇服饰；有的根据民族或族群的历史发展、地理环境、语言差异、文化观念等，将藏族服饰划为

13个类型区；有的根据服饰特点、地理位置，将藏族服饰分为措美县扎扎服饰、林芝工布藏族服饰、科迦妇女服饰、藏北安多服饰、巴扎藏族服饰、玉树传统服装、华热服饰；等等。

扎扎服饰流行于西藏自治区山南市措美县哲古镇扎杂村。扎扎服饰的特点是反穿花氆氇，据传与文成公主有关。在缝制时，针脚在外面，贴边外露，看起来就像反穿了衣服。衣领同藏装普遍的大斜襟有别，更像是直身的袍子。服饰样式分为条纹藏袍和花纹藏袍两种，两件套都由氆氇制成，内里是长袖及脚的"汗衫"，长外套无袖。夏天可以只穿无袖外套，内搭藏式衬衣。邦典花色多为"查青"（宽条纹彩虹色），腰围很特别，在彩色氆氇上饰以铜钱等传统图案花纹。腰饰用皮线将三段铜钱和各色珠子串起，末尾缀着多枚小铃铛。鞋子是氆氇彩靴，鞋底由牦牛毛、羊毛和山羊绒共同纳成，底厚结实；鞋面边缘用与衣服同色系的氆氇绣一圈，再用花纹装饰。帽子也用彩色氆氇制成。

工布地区指林芝、米林、江达一带。工布地区的男女都爱穿一种名叫"果秀"的套头式长坎肩，无领无袖，一般为黑色、紫色，领口、袖口、下摆镶缎边。夏季穿的"果秀"用氆氇缝制，冬季穿的"果秀"用毛皮缝制。工布男性服饰分"勒规"（劳动服饰）、"赘规"（礼服）、"扎规"（武士服）三种。工布女性在长袍前面不系邦典，只在长袍腰围处系一条长腰带，腰带用红、黑氆氇等做成。夏季长袍无袖，内穿衬衣，面料多为锦缎等；冬季长袍有袖，面料多是黑氆氇或毛皮等。工布藏族男性的饰物有嵌满银花的藏钱包、象牙手镯、火镰、针线、银刀，女性注重腰带的装饰。80岁以上的

图 10-1 藏族服饰背后

工布藏族老人穿白氆氇，戴用黑色氆氇和金丝缎缝制的圆形帽。①

科迦村位于西藏自治区阿里地区普兰县普兰镇。科迦服装由咖啡色氆氇女藏装、彩虹鞋、披肩、帽子、羊羔皮、水獭皮、缎子等组成，首饰由嘎穷、嘎累、吉乌、恰恰、巴塔、那玉、方形纯天然金片、翡翠瓶、珊瑚、银片、银粒、松石、超级银链、超级松石链等组成。科迦妇女服饰造型独特、设计想象力丰富，不仅有高贵典雅之感，还有超现实主义情调。服饰重量达 20 多斤，价值连城，面料均用高档手工毛料、锦缎、羊羔皮、水獭皮、牛皮制成。

安多牧民世代穿着羊羔皮藏袍以抵御高寒的气候，根据颜色可以分为白羔皮袍、黑羔皮袍，根据毛的长短、卷曲程度、皮质优劣可分为若干等级，日常服装讲究轻便、耐穿，节日或礼仪服装用料高档。帽子种类很多，按季节可分为冬帽、夏帽，按用途可分为普通帽、艺人帽、僧帽、牧人帽等，按样式可分为四耳帽、狐皮帽、礼帽、羔皮帽等。配饰有头辫饰、指腕饰、衣袍边饰、腰佩等。②

西藏自治区那曲市申扎县巴扎乡的服饰以当地羊毛为原料，样式与造型十分独特，手工刺绣古朴典雅、寓意深刻，与服装相配的装饰品精巧别致、美观大方。

玉树传统服装大体上可分为冬装、夏装和常服、礼服。冬夏装有十几种，常见冬装是镶水獭的皮袍，叫"察桑"；女性夏装叫"锦新"，用氆氇、毛呢、布料等做成，用锦缎镶边。常服用布料、氆氇制成，礼服要用毛呢、绸缎、锦缎等来缝制，还要用水獭皮和虎豹皮装饰。藏袍中女性礼装最为考究，要在摆边镶上宽 30 多厘米的

---

① 魏晓红.工布藏族服饰特征及其文化内涵[J].河南工程学院学报（社会科学版），2011（3）：84-87.
② 刘兴全.中国西南少数民族文化要略[M].成都：四川人民出版社，2009.

中国乡村传统服饰与习俗

图 10-2
藏族服饰

水獭皮，并拼接成黑白相间的漂亮图案，再镶接 15 厘米左右的彩色锦缎。男女穿的衬衣都是高领右衽大斜襟，男白、女彩（大红、粉红、墨绿等）。男性头上多蓄发梳辫，用箍圈盘在头顶上，再饰以摆动的大股红缨穗。女性头上一般梳 30—40 条小细辫，收拢的辫梢上缀有珠宝和彩色丝穗，再戴上以琥珀球为主，配以红珊瑚、绿松石等珠宝的头饰。冬季的帽子多是用狐皮或羊羔皮做里，有袋形和四耳两种。项饰以天珠和珊瑚为主，配上绿松石、珍珠等。另外还有手镯、戒指、耳环、腰刀、弹带、火镰等饰品。

华热服饰以羊皮、羊毛料为主，特点是宽、长、大。服饰有男女之别。男性服饰以白色为吉祥，常用青色、紫色、草黄色，藏袍宽大，衣长过体，不用纽扣。华热藏族男性往往身穿白色褐衫、浅色布裤，以及用羊羔皮或豹皮做领、羊羔皮或氆氇嵌边的吊面皮袄或白板皮袄，腰系红绸带。华热藏族女性夏季戴嵌黑边、顶缀红缨的尖顶白毡帽，穿布袍、藏靴，冬季戴四耳皮帽，穿狐皮领、水獭皮边的吊面皮袍。华热藏族的白色高筒毡帽较有特色，上面嵌有铜、银顶座，缀红缨穗。①

二、珞巴族服饰习俗

"珞"在藏文里有附近、智慧、南方、没有开化等几种词的意思，"巴"意为人。中华人民共和国成立后，根据实际情况和该民族的意愿，正式定名为珞巴族，取南方人之意。现在，珞巴族主要分布于西藏自治区东起察隅、西至门隅、南达中印边界的广大珞渝

---

① 阿旺丹增，平措顿珠. 西藏自治区非物质文化遗产名录图典 [M]. 拉萨：西藏人民出版社，2009.

地区，以米林、墨脱、察隅、隆子、朗县等地最为集中，另有少数散居于拉萨、林芝、山南等地。

过去，珞巴族男女均披发，耳垂上穿孔，赤足，衣服以植物纤维、兽皮等为原料。

由于气候环境的差异和与外界接触程度的不同，珞巴族各聚居区的服饰也有着明显的不同。在珞渝北部地区，男性身穿藏式氆氇长袍或山羊皮、野牛皮上衣，外罩黑色套头大坎肩；再披一块野牛皮，用皮条系在肩上；头戴用藤条编制的圆盔或熊皮圆盔帽，帽后垂有一块熊头皮；上山打猎时，穿着用棕毛、山羊毛制成的长筒靴。女性穿用麻织物制成的对襟、无领、无扣、窄袖短上衣，外披小牛皮，系腰带，下身穿过膝紧身羊毛筒裙，小腿裹绑腿。在珞渝的中心地带和西部，服饰样式比较古老，男女一般都只在上身围一块布，长及膝盖，男性露出左臂，女性露出右臂，还可以外加一件披风。在珞渝东南部地区，男性穿短袖、无襟、无领短上衣，女性上身用蓝色、红色条纹的土布围裹。

珞巴族各聚居区人们的发式也不同，有的地方还盛行穿鼻、文身；但都喜欢佩戴耳饰、项饰、腰饰、手饰、腕饰等饰品，系腰带。男性戴耳环、项链、串珠、手镯，腰间佩有长刀和弓箭。女性喜欢佩戴多串用蓝色石料、兽骨、兽牙、海贝等材料制作而成的项链，长短、颜色、大小、佩戴方式不一，手上多戴银质、铜质手镯和戒指，腰部缀有由许多海贝穿成的圆球，身上的饰物可达数公斤重。腰带种类很多，有用皮革制成的，也有用藤条编成的，还有用羊毛编织的。腰带上有精美的装饰图案，有的还缀着贝壳、铜制的小饰

图 10-3
珞巴族男装

中国乡村传统服饰与习俗

图 10-4　珞巴族女装

物。腰带上还可以悬挂小刀、火镰、弯刀、烟斗等。①

三、羌族服饰习俗

"羌"原是古代人们对居住在我国西部游牧部落的一个泛称。今甘肃、青海的黄河、湟水、洮河、大通河和四川岷江上游一带是古羌人的活动中心。史书记载，殷商时期，羌为其方国之一，有首领在朝中任职。古羌人有的过着居无定所的游牧生活，有的从事农业生产。《诗经·商颂·殷武》中的"昔有成汤，自彼氐羌，莫敢不来享，莫敢不来王"，反映了古羌与殷商密切的关系。羌族分布格局的基本形成是在明末清初，当时有一部分羌族由四川迁往贵州铜仁。现在，羌族主要分布于四川省阿坝藏族羌族自治州的茂县、汶川县、理县、松潘县、黑水县和绵阳市北川羌族自治县，部分散居于四川省甘孜藏族自治州丹巴县、绵阳市平武县以及贵州省铜仁市江口县、石阡县。

受生存环境和所处地域的影响，羌族服饰吸收、借鉴了汉族、藏族服饰文化，表现出由东南部汉族风格向西北部藏族风格层层递进、逐渐过渡的趋势，呈"东南趋汉，西北近藏，中间过渡"的总体特征。盛装为节日、婚嫁时穿的服装，集中体现了羌族服饰的艺术水平；常服样式比盛装样式素净、简单，用料少、费工少。

羌族传统服饰为男女皆包头帕，穿麻布长衫、羊皮坎肩，束腰带，裹绑腿。在头帕方面，四川省阿坝藏族羌族自治州茂县赤不苏镇一带的女性盛行"一匹瓦"，瓦片状的青布上绣有花纹，用银

---

① 王苹.珞巴族服饰之美[N].人民政协报，2019-05-30（12）.

图 10-5 羌族服饰

牌、环扣点缀；茂县黑虎镇的女性用白布帕包头，称为"万年孝"；理县蒲溪乡的女性用黑色头帕包头，前端露出一块白色布块，称为"喜鹊头帕"。长衫为右衽，比较宽松，形似旗袍。男衫过膝，女衫有的到脚背。色彩因年龄不同而有所变化，中老年人多为单一的蓝色、黑色，年轻姑娘则喜欢艳丽的色彩。衣领、袖口、对襟有扎花，斜襟部有花纹，有的镶梅花形银饰。羊皮坎肩无领、无袖、无扣，两面穿，四周露垂长毛，晴天毛向外，雨天毛向内，可用来防寒、挡雨、垫座、负重。男女除了都束腰带，男性还系裹肚，女性还喜欢束花围腰和绣花飘带。居住在高山或半高山的羌族，男女皆裹绑腿，用麻布或毡子缠绕。鞋以自制的云云鞋最具特色，形似小

图 10-6
羌族云云鞋

船，鞋尖微翘，上面绣有云纹图案。未婚男女都穿绣花彩鞋，中老年人则穿素色圆口布鞋。

成年男性饰以腰刀、烟袋、铁火镰等。女性普遍喜戴银牌、领花、耳环、手镯、戒指、发簪，有的还在戒指上镶嵌玛瑙、玉石、珊瑚，有的胸前挂链珠和椭圆形的"色吴"。

羌族女性善刺绣，头帕、衣服、腰带、裹肚、围腰、鞋袜、香包等局部的刺绣美观、耐用，题材取自世间万物。羌族工匠打造的簪子、耳环、手镯、戒指等金银首饰精巧、美观。

四、僜人服饰习俗

僜人俗称"僜巴"，是一个生活在我国西藏边境的族群，人口较少，主要分布在西藏东南部察隅一带的额曲、察隅曲、格多曲和杜莱曲流域，即现在的林芝市察隅县上察隅镇和下察隅镇。

僜人男性上身穿对襟、无领、无扣的长坎肩，长及膝部；有的穿白衬衣或小背心；有的披一条披肩，从胸前交叉披向腰后，白天可御寒，夜晚可覆盖；颈上一般戴银质项圈或兽骨。成年男性留长发，头顶系结，用布带缠头，青年男性用白色布带缠头，年长者用黑色布带缠头。左肩斜挎砍刀，右肩斜挎装烟杆的挎包。

僜人女性一般上身着对襟、无领、麻质的短衬衣，衣袖仅盖住肩膀，衣衫长及胸上部，无扣襻，胸腹袒露。短衬衣的前面和背面用红色、绿色、黄色线绣着方块形图案。胸前常佩戴三种形状不同的饰物：一种为形似灯笼的"八纹得刚"，代表吉祥；一种叫"阿仍"，是多个环绕在一起的银圈；还有一种是将银圆凿洞，串联挂在胸前。下身着两层筒裙，内层较长，至膝盖以下，外层较短，仅及臀部。筒裙多用彩格布制作，裙角用彩色线绣着美丽的几何图案。用彩带扎裹腿，以防蚊虫、毒蛇。盛装的僜人女性，头饰颇为讲究，发髻上插银簪或铜簪，额顶贴一张椭圆形银片，脑后用一条银带紧扣银片两端。

僜人成年男女都戴比较大的耳环，老年女性喜欢戴叫"勾达白"的大耳环。出门时，男女都喜欢挎一个棉织挎包，包带上有凿出洞的银币，包上图案精美。

第三部分

Chinese Traditional Villages 村落

中国传统村落文化抢救与研究

非物质文化系列〔融合出版含视频〕

中国乡村传统服饰与习俗的保护和传承

第十一章
中国乡村传统服饰与习俗的当代价值

第一节 文化价值

传统服饰是人们在不断实践和总结中创造的一种物质财富及精神财富,源远流长、种类繁多,在中华优秀传统文化中占据重要地位。它以物质形式存在,承载着历史发展的悠悠岁月,是中华民族璀璨文明的见证之一。

传统服饰蕴含着民族历史,服饰款式适应农耕生活方式,服饰风貌体现民间服饰习俗,服饰观念体现集体意识形态,服饰形制发展体现社会风貌,还反映人们的居住环境、饮食习惯、宗教信仰、艺术审美等。对传统服饰进行研究,丰富了包括服装学、美学在内的知识,也对社会学、艺术学、历史学、民族学等学术研究大有裨益;能够让人们了解传统服饰的历史,丰富中华文化的精神内涵;有助于族群识别,产生身份和文化认同,从而获得归属感和安全感,增加民族自豪感,让人们从中汲取能量,增强文化自信,继承和发扬中华优秀传统文化。

以服饰图案为例。中国传统图案可以追溯到原始社会时期,以半坡、辛店、马家窑等遗址出土的彩陶图案为代表。随着纺织技术和服饰审美的发展,各种图案通过织锦、刺绣、印染等工艺应用到织物和服饰中,并在社会变迁和文化交流的推动下不断完善,内容包罗万象。"求木之长者，必固其根本；欲流之远者，必浚其泉源。"考察传统服饰图案的历史脉络及其发展演变路径，研究其所处时代的文化变迁、工艺流程、艺术审美等，挖掘其中的文化内涵和劳动人民的精神智慧，对彰显传统服饰图案的历史底蕴、丰富和弘扬中华优秀传统文化有着重要作用。

传统服饰与习俗无疑具有鲜明的民族性，不论是汉族传统服饰与习俗，还是少数民族传统服饰与习俗。传统服饰与习俗的民族特征受生存环境、生产生活方式、历史文化、社会发展等众多因素影响，在各民族的产生和发展过程中积淀而成，并得到公认。随着全球化进程的加速，文化逐渐成为综合实力竞争的主要因素，成为提升民族自信心、凝聚力、创造力的重要源泉。厘清传统服饰文化，取其精华，弃其糟粕，在继承中超越，创作出更多体现中国传统服饰文化精髓、反映中国人审美追求、符合世界潮流的优秀作品，让"中国风"屹立于世，使具有民族特色的传统服饰文化产生强大的吸引力、辐射力，为中华优秀传统文化"走出去"添砖加瓦。

第二节　应用价值

中国传统服饰的纹样造型、结构、题材、色彩等可以为创新设计提供丰富的素材。首先，从服饰中来到服饰中去是传统服饰创新设计的典型应用路径，造型拆解与改良、结构提取与变形、色彩提炼与重新设定是实现传统服饰图案与现代服饰造型合理搭配的常用策略。其次，文创产品是现在流行的应用中国传统文化的领域之一，隶属其中的传统服饰图案也成为文创设计的源泉之一。最后，将传统服饰元素装饰于公共空间，不仅装点了城市、弘扬了传统服饰文化，还对大众有一定教化作用。[①]总之，运用中国传统服饰元素，能够丰富现代设计的艺术内涵，使现代设计具有较浓的民族风格，且更具特色。

传统服饰色彩美、纹样美、形制美、意境美、工艺美，有助于丰富工艺美术、服装设计、艺术鉴赏等课程的教育内容。工艺美术指美化生活用品和生活环境的造型艺术，特点是物质生产与美的创造相结合，以实用为主要目的，并具有审美特性。传统服饰本就是美化生活的用品之一，衣领、衣袖、衣襟、色彩、纹样等多种多样，饱含劳动人民的智慧和朴素的思想情感，对它们进行研究、选择、创新、再加工，可以为工艺美术提供更多的素材。近年来，人们常在服装设计中运用中国传统服饰元素，比如应用扎染、刺绣等传统制衣工艺，使用珍珠、琥珀、绿松石串珠等传统装饰材料。传统艺术与现代设计结合得越来越好，传统服饰研究成为现代服装设计课程的重要内容之一。艺术鉴赏课是美育教育的基础，一般通过鉴赏中国画、西方绘画、书法等来培养对美的鉴赏能力和创造能力。将传统服饰的美与民风民俗结合起来，可以使教学内容更加生动，加深学生对传统文化的理解，促进从赏析到运用创新的转化。2021年，教育部发布了《教育部关于公布2020年度普通高等学校本科专业备案和审批结果的通知》，其中《列入普通高等学校本科专业目录的新专业名单（2021年）》的艺术学门类中，新增非物质文化遗产保护、纤维艺术专业等，传统服饰与习俗相关的非物质文化遗产应当

---

① 崔荣荣.中国传统纺织服饰图案研究述评及价值阐释[J].包装工程，2022，43（6）：11-23，401.

第三部分 | 中国乡村传统服饰与习俗的保护和传承

图 11-1 少数民族刺绣

是这两个新增专业的课程内容。

在日常生活中，传统服饰与习俗还可以应用于家庭教育。家庭教育是指父母或者其他监护人为促进未成年人全面健康成长，对其实施的道德品质、身体素质、生活技能、文化修养、行为习惯等方面的培育、引导和影响。家庭教育以立德树人为根本任务，培育和践行社会主义核心价值观，弘扬中华优秀传统文化、革命文化、社会主义先进文化，促进未成年人健康成长。传统服饰文化中的糟粕固然不可取，但其中蕴含的审美意识、文化品位、文明礼仪、优良道德等都是家庭教育的内容。

随着人们对传统服饰认识的加深，除了本民族在节日时穿着以外，有些传统文化爱好者也会购买，有的地方还举办服饰文化节、服饰比赛，再加上旅游业的发展，传统服饰与习俗因此具有经济价值。云南就曾多次举办与服饰相关的文化节，"丝路云裳·七彩云南2019民族赛装文化节"活动主题是丝路云裳、美美与共、喜庆中华人民共和国七十华诞，主要围绕赛装、赛技、赛艺、赛智四种形式来开展系列活动。

第十二章
中国乡村传统服饰与习俗保护和传承的现状

第一节 政策法规现状

保护与传承传统服饰，不仅有利于文化多样性的发展与少数民族地区和谐社会的构建，有利于民族团结和国家统一，而且有利于物质文明与精神文明的协调发展。[①]世界各国非物质文化遗产保护的成功经验证明，政府在保护非物质文化遗产中起主导作用。政府的重视是中国乡村传统服饰传承和保护工作的重要动力，各级政府应当制定相关政策，建立完善的保护体系，采取有效保护措施，用强大的行政力量和手段去推动、加强中国乡村传统服饰的保护与传承。[②]

传统服饰属于非物质文化遗产。我国于 2004 年正式加入联合国《保护非物质文化遗产公约》。2005 年 3 月发布《关于加强我国非物质文化遗产保护工作的意见》，第一次在政府文件中采用"非物质文化遗产"这一表述。之后逐渐出台、实施的相关政策法规包括两类：一是各级政府及其部门针对非物质文化遗产保护所颁布的

---

① 杨军. 少数民族服饰文化的保护与传承研究 [J]. 西南农业大学学报（社会科学版），2013，11（6）：57-61.
② 玉时阶，玉璐. 广西少数民族服饰文化现状与传承保护 [J]. 广西民族师范学院学报，2012，29（4）：1-8.

通知、意见、办法等，二是各级政府及其部门针对非物质文化遗产保护所颁布的法规、条例等。

2007年、2008年、2009年、2012年、2018年，国家文化主管部门先后公布了五批国家级非物质文化遗产代表性项目代表性传承人，其中项目名称中有"服饰""服装"二字的代表性传承人29人（见表12-1），与服饰相关的纺、染、织、绣类代表性传承人127人（见表12-2），与服饰、习俗相关的婚俗类代表性传承人8人（见表12-3），另外还有藏刀、苗族银饰、布鞋、皮帽等与服饰相关的代表性传承人。各省区市也公布了非物质文化遗产代表性项目和代表性传承人，国家、省、市、县四级非物质文化遗产名录体系逐步完备。2022年5月，文化和旅游部办公厅印发《关于开展第六批国家级非物质文化遗产代表性传承人推荐申报工作的通知》（办非遗发〔2022〕85号），启动了第六批国家级非物质文化遗产代表性传承人推荐申报工作。

藏刀锻制技艺

表12-1 服饰类国家级非物质文化遗产代表性项目代表性传承人

序号	姓名	性别	民族	类别	项目名称	申报地区
1	陶美元	女	苗族	民俗	苗族服饰（昌宁苗族服饰）	云南省保山市
2	斯庆巴拉木	女	蒙古族	民俗	蒙古族服饰	内蒙古自治区
3	米的可	女	蒙古族	民俗	蒙古族服饰	新疆维吾尔自治区博湖县
4	旦增多杰	男	藏族	民俗	藏族服饰	青海省玉树藏族自治州
5	柯璀玲	女	裕固族	民俗	裕固族服饰	甘肃省肃南裕固族自治县
6	杨文琴	女	苗族	民俗	苗族服饰	贵州省安顺市西秀区

续表

序号	姓名	性别	民族	类别	项目名称	申报地区
7	熊光珍	女	苗族	民俗	苗族服饰	贵州省六盘水市六枝特区
8	何金秀	女	瑶族	民俗	瑶族服饰	广西壮族自治区南丹县
9	潘继凤	女	瑶族	民俗	瑶族服饰	广西壮族自治区龙胜各族自治县
10	巴拉嘎日玛	女	蒙古族	民俗	蒙古族服饰	内蒙古自治区
11	其木格	女	蒙古族	民俗	蒙古族服饰	内蒙古自治区正蓝旗
12	娜仁其其格	女	蒙古族	民俗	蒙古族服饰	甘肃省肃北蒙古族自治县
13	俞玉兰	女	朝鲜族	民俗	朝鲜族服饰	吉林省延边朝鲜族自治州
14	兰曲钗	男	畲族	民俗	畲族服饰	福建省罗源县
15	阿旺旦达	男	藏族	民俗	藏族服饰	西藏自治区措美县
16	南布	女	藏族	民俗	藏族服饰	西藏自治区安多县
17	次仁旺堆	男	藏族	民俗	藏族服饰	西藏自治区申扎县
18	加羊卓玛	女	藏族	民俗	藏族服饰	青海省海南藏族自治州
19	席秀忠	女	土族	民俗	土族服饰	青海省互助土族自治县
20	马建新	男	撒拉族	民俗	撒拉族服饰	青海省循化撒拉族自治县
21	金艾斯古丽·努尔坦阿肯	女	哈萨克族	民俗	哈萨克族服饰	新疆维吾尔自治区伊犁哈萨克自治州
22	其木德	女	鄂温克族	民俗	鄂温克族服饰	内蒙古自治区陈巴尔虎旗
23	贾巴子则	女	彝族	民俗	彝族服饰	四川省昭觉县
24	普玉珍	女	彝族	民俗	彝族服饰	云南省楚雄彝族自治州

续表

序号	姓名	性别	民族	类别	项目名称	申报地区
25	王菁	女	布依族	民俗	布依族服饰	贵州省
26	夏尔汗·克力木	女	柯尔克孜族	民俗	柯尔克孜族服饰	新疆维吾尔自治区乌恰县
27	徐永良	男	汉族	传统技艺	中式服装制作技艺（龙凤旗袍手工制作技艺）	上海市静安区
28	林瑞祥	男	汉族	传统技艺	中式服装制作技艺（亨生奉帮裁缝技艺）	上海市静安区
29	包文其	男	汉族	传统技艺	中式服装制作技艺（振兴祥中式服装制作技艺）	浙江省杭州市

注：本表只收录了国家级非物质文化遗产代表性项目名称中有"服饰""服装"二字的代表性传承人，另如藏刀、苗族银饰、布鞋、皮帽等与服饰相关的代表性传承人暂未收录。

表12-2　与服饰相关的纺、染、织、绣类国家级非物质文化遗产代表性项目代表性传承人

序号	姓名	性别	民族	类别	项目名称	申报地区或单位
1	康新琴	女	汉族	传统技艺	乌泥泾手工棉纺织技艺	上海市徐汇区
2	容亚美	女	黎族	传统技艺	黎族传统纺染织绣技艺	海南省乐东黎族自治县
3	刘香兰	女	黎族	传统技艺	黎族传统纺染织绣技艺	海南省五指山市
4	常张勤	女		传统技艺	传统棉纺织技艺	河北省魏县
5	吐尔逊木沙	男		传统技艺	传统棉纺织技艺	新疆维吾尔自治区伽师县
6	马舍勒	男		传统技艺	毛纺织及擀制技艺（东乡族擀毡技艺）	甘肃省东乡族自治县

续表

序号	姓名	性别	民族	类别	项目名称	申报地区或单位
7	符林早	女	黎族	传统技艺	黎族传统纺染织绣技艺	海南省东方市
8	帕热坦木·吐尔迪	女	维吾尔族	传统技艺	传统棉纺织技艺（维吾尔族帕拉孜纺织技艺）	新疆维吾尔自治区拜城县
9	阿不力孜·吐尔逊	男	维吾尔族	传统技艺	毛纺织及擀制技艺（维吾尔族花毡制作技艺）	新疆维吾尔自治区柯坪县
10	陈爱国	女	汉族	传统技艺	传统棉纺织技艺（威县土布纺织技艺）	河北省威县
11	王桂凤	女	汉族	传统技艺	传统棉纺织技艺（余姚土布制作技艺）	浙江省余姚市
12	李从会	女	傈僳族	传统技艺	传统棉纺织技艺（傈僳族火草织布技艺）	四川省德昌县
13	说各惹曲	女	彝族	传统技艺	毛纺织及擀制技艺（彝族毛纺织及擀制技艺）	四川省昭觉县
14	冬措	女	藏族	传统技艺	毛纺织及擀制技艺（藏族牛羊毛编织技艺）	四川省色达县
15	牙生·阿不都热合曼	男	维吾尔族	传统技艺	维吾尔族花毡、印花布织染技艺	新疆维吾尔自治区吐鲁番市
16	尧尔达西·阿洪	男	维吾尔族	传统技艺	维吾尔族花毡、印花布织染技艺	新疆维吾尔自治区吐鲁番市
17	吴元新	男	汉族	传统技艺	南通蓝印花布印染技艺	江苏省南通市
18	张仕绅	男	白族	传统技艺	白族扎染技艺	云南省大理市
19	买特肉孜·买买提	男		传统技艺	花毡、印花布织染技艺	新疆维吾尔自治区且末县
20	刘大炮	男		传统技艺	蓝印花布印染技艺	湖南省凤凰县
21	梁珠	男		传统技艺	香云纱染整技艺	广东省佛山市顺德区

续表

序号	姓名	性别	民族	类别	项目名称	申报地区或单位
22	木斯勒木江·恰尔甫汗	女	哈萨克族	传统技艺	花毡、印花布织染技艺	新疆维吾尔自治区塔城地区
23	王振兴	男	汉族	传统技艺	南通蓝印花布印染技艺	江苏省南通市
24	王阿勇	女	苗族	传统技艺	苗族蜡染	贵州省丹寨县
25	杨光成	男	布依族	传统技艺	枫香印染技艺	贵州省惠水县
26	吾吉阿西木·吾舒尔	男	维吾尔族	传统技艺	花毡、印花布织染技艺	新疆维吾尔自治区英吉沙县
27	周继明	男	汉族	传统技艺	蓝印花布印染技艺	浙江省桐乡市
28	蒋良寿	男	汉族	传统技艺	蓝印花布印染技艺	湖南省邵阳县
29	刘新建	男	汉族	传统技艺	蓝印花布印染技艺	湖南省凤凰县
30	杨芳	女	苗族	传统技艺	苗族蜡染技艺	贵州省丹寨县
31	王月圆	女	苗族	传统技艺	蜡染技艺	贵州省安顺市
32	张晓平	女	汉族	传统技艺	扎染技艺（自贡扎染技艺）	四川省自贡市
33	段银开	女	白族	传统技艺	白族扎染技艺	云南省大理市
34	杨万仁	男	瑶族	传统技艺	枫香印染技艺	贵州省麻江县
35	朱枫	男	汉族	传统技艺	南京云锦木机妆花手工织造技艺	江苏省南京市
36	钱小萍	女	汉族	传统技艺	宋锦织造技艺	江苏省苏州市
37	王金山	男	汉族	传统技艺	苏州缂丝织造技艺	江苏省苏州市
38	叶永洲	男	汉族	传统技艺	蜀锦织造技艺	四川省成都市

续表

序号	姓名	性别	民族	类别	项目名称	申报地区或单位
39	刘晨曦	男	汉族	传统技艺	蜀锦织造技艺	四川省成都市
40	叶水云	女	土家族	传统技艺	土家族织锦技艺	湖南省湘西土家族苗族自治州
41	刘代娥	女	土家族	传统技艺	土家族织锦技艺	湖南省湘西土家族苗族自治州
42	格桑	男	藏族	传统技艺	藏族邦典、卡垫织造技艺	西藏自治区山南市
43	周双喜	男		传统技艺	南京云锦木机妆花手工织造技艺	江苏省南京市
44	金文	男		传统技艺	南京云锦木机妆花手工织造技艺	江苏省南京市
45	边多	男		传统技艺	藏族邦典、卡垫织造技艺	西藏自治区日喀则市
46	周康明	男		传统技艺	蚕丝织造技艺（双林绫绢织造技艺）	浙江省湖州市
47	宋树牙	男		传统技艺	夏布织造技艺	江西省万载县
48	颜坤吉	男		传统技艺	夏布织造技艺	重庆市荣昌区
49	赵芳云	女		传统技艺	鲁锦织造技艺	山东省嘉祥县
50	粟田梅	女		传统技艺	侗锦织造技艺	湖南省通道侗族自治县
51	叶娟	女		传统技艺	傣族织锦技艺	云南省西双版纳傣族自治州
52	谭素娟	女	毛南族	传统美术	竹编（毛南族花竹帽编织技艺）	广西壮族自治区环江毛南族自治县
53	郭俊	男	满族	传统技艺	南京云锦木机妆花手工织造技艺	江苏省南京市
54	贺斌	男	汉族	传统技艺	蜀锦织造技艺	四川省成都市

续表

序号	姓名	性别	民族	类别	项目名称	申报地区或单位
55	李村灵	女	壮族	传统技艺	壮族织锦技艺	广西壮族自治区靖西市
56	嘎日	女	藏族	传统技艺	藏族邦典、卡垫织造技艺	西藏自治区山南市
57	俞彩根	女	汉族	传统技艺	蚕丝织造技艺（余杭清水丝绵制作技艺）	浙江省杭州市余杭区
58	邵官兴	男	汉族	传统技艺	蚕丝织造技艺（杭罗织造技艺）	浙江省杭州市福兴丝绸厂
59	顾明琪	男	汉族	传统技艺	蚕丝织造技艺（辑里湖丝手工制作技艺）	浙江省湖州市南浔区
60	李俭康	男	汉族	传统技艺	夏布织造技艺	重庆市荣昌区
61	玉儿甩	女	傣族	传统技艺	傣族织锦技艺	云南省西双版纳傣族自治州
62	戴明教	女	汉族	传统美术	顾绣	上海市松江区
63	李娥瑛	女	汉族	传统美术	苏绣	江苏省苏州市
64	顾文霞	女	汉族	传统美术	苏绣	江苏省苏州市
65	刘爱云	女	汉族	传统美术	湘绣	湖南省长沙市
66	陈少芳	女	汉族	传统美术	粤绣（广绣）	广东省广州市
67	林智成	男	汉族	传统美术	粤绣（潮绣）	广东省潮州市
68	郝淑萍	女	汉族	传统美术	蜀绣	四川省成都市
69	李发秀	女	土族	传统美术	土族盘绣	青海省互助土族自治县
70	贺梅英	女	汉族	传统美术	庆阳香包绣制	甘肃省庆阳市
71	姚建萍	女		传统美术	苏绣	江苏省苏州市

续表

序号	姓名	性别	民族	类别	项目名称	申报地区或单位
72	赵红育	女		传统美术	苏绣（无锡精微绣）	江苏省无锡市
73	金蕾蕾	女		传统美术	苏绣（南通仿真绣）	江苏省南通市
74	康宁	女		传统美术	蜀绣	重庆市渝中区
75	王素花	女		传统美术	汴绣	河南省开封市
76	汪国芳	女		传统美术	羌族刺绣	四川省汶川县
77	余福臻	女	汉族	传统美术	苏绣	江苏省苏州市
78	张玉英	女	汉族	传统美术	苏绣	江苏省苏州市
79	蒋雪英	女	汉族	传统美术	苏绣	江苏省苏州市
80	姚惠芬	女	汉族	传统美术	苏绣	江苏省苏州市
81	张美芳	女	汉族	传统美术	苏绣	江苏省苏州市
82	柳建新	女	汉族	传统美术	湘绣	湖南省长沙市
83	江再红	女	汉族	传统美术	湘绣	湖南省长沙市
84	康惠芳	女	汉族	传统美术	粤绣（潮绣）	广东省潮州市
85	孙庆先	男	汉族	传统美术	粤绣（潮绣）	广东省潮州市
86	吴通英	女	苗族	传统美术	苗绣	贵州省台江县
87	宋水仙	女	水族	传统美术	水族马尾绣	贵州省三都水族自治县
88	韦桃花	女	水族	传统美术	水族马尾绣	贵州省三都水族自治县
89	阿吉尔·赛买提	女	维吾尔族	传统美术	维吾尔族刺绣	新疆维吾尔自治区哈密市

续表

序号	姓名	性别	民族	类别	项目名称	申报地区或单位
90	米代	女	蒙古族	传统美术	蒙古族刺绣	新疆维吾尔自治区博湖县
91	唐明敏	女	汉族	传统美术	上海绒绣	上海市浦东新区
92	许谨伦	男	汉族	传统美术	宁波金银彩绣	浙江省宁波市鄞州区
93	杨华珍	女	藏族	传统美术	藏族编织、挑花刺绣工艺	四川省阿坝藏族羌族自治州
94	陈显月	女	侗族	传统美术	侗族刺绣	贵州省锦屏县
95	杨秀玉	女	锡伯族	传统美术	锡伯族刺绣	新疆维吾尔自治区察布查尔锡伯自治县
96	吴晓平	女	汉族	传统美术	苏绣（扬州刺绣）	江苏省扬州市
97	许炽光	男	汉族	传统美术	粤绣（广绣）	广东省广州市
98	黄敏	女	汉族	传统美术	蜀绣	重庆市渝中区
99	孟德芝	女	汉族	传统美术	蜀绣	四川省成都市
100	张桂英	女	苗族	传统美术	苗绣（雷山苗绣）	贵州省雷山县
101	王启萍	女	苗族	传统美术	苗绣（花溪苗绣）	贵州省贵阳市
102	杨妹岩	女	苗族	传统美术	苗绣（剑河苗绣）	贵州省剑河县
103	龙女三九	女	苗族	传统美术	苗绣（剑河苗绣）	贵州省剑河县
104	徐全熙	男	汉族	传统美术	湟中堆绣	青海省西宁市湟中区
105	施成权	女	汉族	传统美术	瓯绣	浙江省温州市
106	黄圣辉	女	汉族	传统美术	汉绣	湖北省武汉市江汉区

续表

序号	姓名	性别	民族	类别	项目名称	申报地区或单位
107	李兴秀	女	羌族	传统美术	羌族刺绣	四川省汶川县
108	赵翠林	女	汉族	传统美术	民间绣活（高平绣活）	山西省高平市
109	张小红	女	汉族	传统美术	民间绣活（夏布绣）	江西省新余市
110	刘寿仙	女	汉族	传统美术	民间绣活（红安绣活）	湖北省红安县
111	蔡月娥	女	汉族	传统美术	民间绣活（阳新布贴）	湖北省阳新县
112	张菊花	女	汉族	传统美术	民间绣活（麻柳刺绣）	四川省广元市
113	毕跃英	女	彝族	传统美术	彝族（撒尼）刺绣	云南省石林彝族自治县
114	夏丽云	女	满族	传统美术	满族刺绣（锦州满族民间刺绣）	辽宁省锦州市古塔区
115	孙艳玲	女	满族	传统美术	满族刺绣	黑龙江省牡丹江市
116	刘雅梅	女	汉族	传统美术	满族刺绣	黑龙江省克东县
117	孟根其其格	女	蒙古族	传统美术	蒙古族刺绣	内蒙古自治区苏尼特左旗
118	布如力·斯开克	女	柯尔克孜族	传统美术	柯尔克孜族刺绣	新疆维吾尔自治区温宿县
119	李蔷	女	汉族	传统美术	上海绒绣	上海市浦东新区
120	邓菊花	女	瑶族	传统美术	瑶族刺绣	广东省乳源瑶族自治县
121	龙令香	女	侗族	传统美术	侗族刺绣	贵州省锦屏县
122	刘秀花	女	汉族	传统美术	京绣	北京市房山区
123	梁淑平	女	汉族	传统美术	京绣	河北省定兴县
124	石九梅	女	汉族	传统美术	挑花（黄梅挑花）	湖北省黄梅县

续表

序号	姓名	性别	民族	类别	项目名称	申报地区或单位
125	奉雪妹	女	瑶族	传统美术	挑花（花瑶挑花）	湖南省隆回县
126	王世福	男	汉族	传统美术	挑花（望江挑花）	安徽省望江县
127	杨春英	女	苗族	传统美术	挑花（苗族挑花）	湖南省泸溪县

表12-3　与服饰、习俗相关的婚俗类国家级非物质文化遗产代表性项目代表性传承人

序号	姓名	性别	民族	类别	项目名称	申报地区
1	董思明	男	土族	民俗	土族婚礼	青海省互助土族自治县
2	韩占祥	男	撒拉族	民俗	撒拉族婚礼	青海省循化撒拉族自治县
3	曹纳木	男	蒙古族	民俗	鄂尔多斯婚礼	内蒙古自治区鄂尔多斯市
4	艾克木山·马达力汗	男	塔吉克族	民俗	塔吉克族婚俗	新疆维吾尔自治区塔什库尔干塔吉克自治县
5	安福成	男	裕固族	民俗	婚俗（裕固族传统婚俗）	甘肃省张掖市
6	郭幸福	男	汉族	民俗	汉族传统婚俗（斗门水上婚嫁习俗）	广东省珠海市
7	莫景海	男	达斡尔族	民俗	婚俗（达斡尔族传统婚俗）	黑龙江省齐齐哈尔市富拉尔基区
8	蓝余根	男	畲族	民俗	婚俗（畲族婚俗）	浙江省景宁畲族自治县

第二节　保护方式现状

一、抢救性保护

在开展非物质文化遗产保护工作之初，我国秉承的是一种"濒危优先"的理念。2005年3月国务院办公厅发布的《关于加强我国非物质文化遗产保护工作的意见》指出，非物质文化遗产保护工作的目标是"通过全社会的努力，逐步建立起比较完备的、有中国特色的非物质文化遗产保护制度，使我国珍贵、濒危并具有历史、文化和科学价值的非物质文化遗产得到有效保护，并得以传承和发扬"。

2005年12月，《国务院关于加强文化遗产保护的通知》将非物质文化遗产提高到与物质文化遗产同等重要的层面，并参照物质文化遗产，进一步明确了非物质文化遗产保护的方针。该通知指出，文化遗产包括物质文化遗产和非物质文化遗产，物质文化遗产保护要贯彻"保护为主、抢救第一、合理利用、加强管理"的方针，非物质文化遗产保护要贯彻"保护为主、抢救第一、合理利用、传承发展"的方针。

从2013年起，针对传承环境或条件发生重大改变、传承面临严重困难的项目，文化部①组织了对代表性传承人的抢救性记录，全面记录、整理他们掌握的丰富知识和独特技艺，以便今后其他传承人学习、借鉴和研究。

2015年，文化部印发《关于开展国家级非物质文化遗产代表性

---

① 现文化和旅游部，后同。

传承人抢救性记录工作的通知》《国家级非物质文化遗产代表性传承人抢救性记录工作规范（试行稿）》，供各地参照执行。

2016年，文化部组织编写的《国家级非物质文化遗产代表性传承人抢救性记录工程操作指南（试行本）》完成，成为各地记录工作的行动指南。

经过多年的实践，非物质文化遗产的抢救性保护形成了两种方式：一是先调查、搜集、整理、研究，然后进行图文资料保存和数字化保护；二是通过确定濒危遗产项目、建立代表作与传承人名录体系，抢救濒危项目、扶持代表性传承人等，使即将消亡的项目重现活着的生命形态。①

对于濒危的传统服饰类非物质文化遗产项目来说，抢救性保护十分符合非物质文化遗产保护工作的实际；对于过去搜集整理，现在开始霉变、虫蛀、脱磁、变质的传统服饰类图文资料和音像资料，抢救性保护和修复也刻不容缓。总之，传统服饰类非物质文化遗产的抢救性保护依然任重而道远。

二、生产性保护

"生产性保护"一词最早出现于2006年王文章主编的《非物质文化遗产概论》。他在该书中说："非物质文化遗产活态流变性的特点，决定了我们要尽可能避免以静止、凝固的方式去保护。在既不改变其按内在规律自然衍变的生长过程，又不影响其未来发展方向的前提下，尽可能寻找生产性保护的方式及与旅游开发等的良性互

---

① 李荣启. 论非物质文化遗产抢救性保护[J]. 中国文化研究，2015（3）：9-19.

动结合。"

2009年，时任文化部副部长周和平在非物质文化遗产生产性方式保护论坛开幕式上，对生产性保护做了如下界定："指通过生产、流通、销售等方式，将非物质文化遗产及其资源转化为生产力和产品，产生经济效益，并促进相关产业发展，使非物质文化遗产在生产实践中得到积极有效的保护，实现非物质文化遗产保护与经济社会协调发展的良性互动。"

2012年，文化部印发的《关于加强非物质文化遗产生产性保护的指导意见》明确了生产性保护的概念："指在具有生产性质的实践过程中，以保持非物质文化遗产的真实性、整体性和传承性为核心，以有效传承非物质文化遗产技艺为前提，借助生产、流通、销售等手段，将非物质文化遗产及其资源转化为文化产品的保护方式。"

生产性保护的理念发轫于传统手工技艺类非物质文化遗产保护方式的创新探索，关键在于保护传统工艺流程的整体性和核心技艺的真实性，主要应用于传统技艺、传统美术和传统医药药物炮制类非物质文化遗产领域，通过生产出有形的物质产品，用再生的物质载体来承载非物质的文化观念、口传心授的传统技艺，使非物质的文化观念、传统技艺通过物质形态得以传承。虽然在国家级非物质文化遗产代表性项目中，服饰被列入民俗类，但其制作技艺为实施生产性保护提供了可行性，可以通过民众购买传统服饰手工技艺产品的消费行为，形成对技艺文化价值的消费认同，从而实现技艺价值的彰显与认同。[①]

[①] 靳璨，梁惠娥.江苏传统服饰手工技艺的价值认同路径研究：从"生产性保护"到"生活化传承"[J].艺术百家，2020（3）：77-81，89.

文化部还先后于 2011 年 10 月和 2014 年 5 月公布了两批国家级非物质文化遗产生产性保护示范基地名单（以下简称"基地名单"），第一批基地名单涉及 41 个企业或单位，第二批基地名单涉及 59 个企业或单位，合计 100 个。其中，与服饰相关的有内联升千层底布鞋制作技艺的生产性保护示范基地——北京市内联升鞋业有限公司，土家族织锦技艺的生产性保护示范基地——湖南省龙山县苗儿

图 12-1 内联升千层底布鞋

滩镇捞车河村土家织锦技艺传习所，粤绣（潮绣）的生产性保护示范基地——潮州市潮绣研究所，苗族蜡染技艺的生产性保护示范基地——贵州丹寨宁航蜡染有限公司，黎族传统纺染织绣技艺的生产性保护示范基地——海南锦绣织贝实业有限公司等。

三、整体性保护

非物质文化遗产与其"生存"环境互相依存、相互成就，这是实施整体性保护的重要原因。

2004年，国家非物质文化遗产保护工作专家委员会副主任委员刘魁立发表文章《非物质文化遗产及其保护的整体性原则》，指出"既要保护非物质文化事象本身，也要保护它的生命之源""保护非物质文化遗产的整体性原则，不仅是就空间向度而言，也表现在时间向度上""既要重视非物质文化的价值观，又不能忽视其背景和环境""在具体操作过程中要整合和协调各方面的利益诉求""处理好非物质文化遗产的创造者、拥有者和保护者之间的利害关系""尊重文化共享者的价值认同和文化认同"。①

2005年，国务院办公厅发布《关于加强我国非物质文化遗产保护工作的意见》，指出要"坚持非物质文化遗产保护的真实性和整体性……研究探索对传统文化生态保持较完整并具有特殊价值的村落或特定区域，进行动态整体性保护的方式。在传统文化特色鲜明、具有广泛群众基础的社区、乡村，开展创建民间传统文化之乡的活动"。

---

① 刘守华，白庚胜. 中国民间文艺学年鉴：2004年卷[M]. 武汉：华中师范大学出版社，2006.

2011年，整体性原则被写入《中华人民共和国非物质文化遗产法》。第一章总则第四条明确指出："保护非物质文化遗产，应当注重其真实性、整体性和传承性。"第三章第二十六条提出了整体性原则下的具体保护方法："对非物质文化遗产代表性项目集中、特色鲜明、形式和内涵保持完整的特定区域，当地文化主管部门可以制定专项保护规划，报经本级人民政府批准后，实行区域性整体保护。确定对非物质文化遗产实行区域性整体保护，应当尊重当地居民的意愿，并保护属于非物质文化遗产组成部分的实物和场所，避免遭受破坏。"

整体性保护不仅仅限于单项的非物质文化遗产及与之相关联的诸种条件，也包含非物质文化遗产及与之构成传承链条的文化、社会、经济、自然环境等因素的系统整体，要求注重文化遗产与周围环境的依存关系，强调非物质文化遗产应保护在其所属的社区及自然与人文环境之中，强调必须将其所生存的特定环境一起加以完整保护。

我国通过建设"文化生态保护实验区"的方式来实践非物质文化遗产的整体性保护原则。[①] 2007年，我国设立了第一个国家级文化生态保护实验区——闽南文化生态保护实验区，闽南文化就包括服饰习俗，比如前文提到的惠安女服饰习俗。截至2020年6月，我国共设立23个国家级文化生态保护实验区，其中7个于2019年通过验收，成为国家级文化生态保护区。文化生态区的整体性保护模式逐渐深入人心。

---

① 汪欣.中国非物质文化遗产保护十年：2003—2013年[M].北京：知识产权出版社，2015.

四、立法保护

立法保护是国际上保护文化遗产的通常做法,日本、韩国是世界上较早通过立法形式保护非物质文化遗产的国家。为非物质文化遗产制定一套较完整、科学的法律体系,使非物质文化遗产保护工作有法可依、有法可循,才能使非物质文化遗产保护工作在法律的保障下更有效、健康地进行。①

我国于 1985 年加入《保护世界文化和自然遗产公约》,2004 年加入《保护非物质文化遗产公约》。此后,我国非物质文化遗产立法进程显著加快,尤其是 2011 年《中华人民共和国非物质文化遗产法》的颁布与实施,为我国非物质文化遗产的立法保护奠定了重要基础。《中华人民共和国非物质文化遗产法》2011 年 6 月 1 日起施行,共 6 章 45 条,对非物质文化遗产的调查、非物质文化遗产代表性项目名录、非物质文化遗产的传承与传播、法律责任等方面做了详细规定。随后,我国各地方政府纷纷启动地方立法,出台非物质文化遗产保护条例,由此构建了多层次的非物质文化遗产保护法律体系。

传统服饰的法律保护存在着许多难点,其权利种类、权利主体、权利内容等尚不明晰,有待于根据保护实践进一步明确。

---

① 荣跃明.文学与文化理论前沿[M].上海:上海社会科学院出版社,2016.

第三节 传承方式现状

一、传承主体

非物质文化遗产的传承主体是指某一项非物质文化遗产的优秀传承人或传承群体,即代表某项遗产深厚的民族民间文化传统,掌握着某项非物质文化遗产的知识、技艺、技术,并且具有最高水准,具有公认的代表性、权威性与影响力的个人或群体。[①]

我国已有国家、省、市、县四级传统服饰项目代表性传承人,他们是政府认定的传承主体。2007年,根据《国家级非物质文化遗产保护与管理暂行办法》(文化部令第39号)精神,文化部开展了第一批国家级非物质文化遗产项目代表性传承人的申报和评审工作。在个人申请、当地文化行政部门审核、省级文化行政部门审核评议推荐的基础上,按照国家级非物质文化遗产项目代表性传承人评审工作规则和《文化部办公厅关于推荐国家级非物质文化遗产项目代表性传承人的通知》(办社图函〔2007〕111号)要求,文化部组织有关专家对全国31个省区市及相关部门推荐申报的十大类,共1138名国家级非物质文化遗产项目代表性传承人的材料,分门别类逐项进行审议。专家评审会和评审委员会根据其掌握技能情况、代表性、传承能力等进行认真评审和科学认定。通过两轮评审,产生了第一批国家级非物质文化遗产项目代表性传承人推荐名单。2022年5月,第六批国家级非物质文化遗产代表性传承人推荐申报工作启动。获得政府认定的传承人大都掌握传统服饰文化,有精湛的传

[①] 王文章.非物质文化遗产概论[M].修订本.北京:教育科学出版社,2013.

统服饰制作技艺，热爱、认同传统服饰，愿意为传承和发展传统服饰付出努力。政府的认定，是对传承人的肯定，提高了传承人的声誉，为传承人增添了传承动力。

普通的服饰制作技艺掌握者虽然没有被政府认定为传承人，但事实上是传统服饰不可或缺的传承主体，而且在数量上占多数。许多少数民族女性从小耳濡目染，对传统服饰有着特殊的感情，传统习俗也要求她们会制作传统服饰，在穿着传统盛装的节日活动中甚至会暗自较量服饰制作技艺。她们既是传统服饰的制作者、使用者，也是传统服饰的传承者。

从事传统服饰制作和研究的个人、组织、机构等，是起到引导、推广、宣传作用的传承主体。近年来，越来越多人开始关注传统服饰，他们广泛收集、整理、研究传统服饰相关资料，在掌握传统服饰文化的基础上，有的开办公司、工作室等，对传统服饰进行创新设计，扩大消费者受众面；有的深入研究传统服饰，具有较专业的研究方法和理论知识，在专业院校培养服饰方面的人才；有的利用户外展览、博物馆展览、培训班、旅游推广等，积极宣传、传承传统服饰。①

二、传承方法

人们常将传统服饰的传承方式分为家庭传承、师徒传承、学校传承三种。归根结底，传统服饰的传承主体是人，只是有的人在

---

① 倪悦.黔中布依族服饰传承模式和发展探究：以六枝、镇宁地区为例[D].北京：中央民族大学，2021.

家或乡村言传身教、口传心授，有的人在服饰公司、专业院校、文化馆、非物质文化遗产中心、文物管理局、文化和旅游局、网络上传承。

言传身教、口传心授是中国传统传承方法，包括言传（如口诀）、物传（如画谱）、心传（俗话"师傅领进门，修行在个人"）等。一般是师傅、父母将服饰制作技艺的规律、经验介绍给徒弟、子女，徒弟、子女通过耳濡目染、多次实践等方式继承，以至代代流传下来。通过这种方式传承下来的服饰制作技艺大都比较简单、直接，但可以使继承者直观地认识服饰，内部传承效率更高；积淀着数代人对技艺特征的审美总结和技术评判，符合大众审美；有再发挥的艺术空间，继承者可以进一步想象，达到创新的效果。相较于过去，现在言传身教、口传心授的范围更广，有的人甚至去其他省区市乃至国外拜师学艺，还经常参加传统服饰技艺比赛、研讨会、展览活动、进校园活动等。

随着人们对传统服饰文化重视程度的加强，越来越多的服饰类非物质文化遗产传承人走出原来的圈子，通过各种方法传承传统服饰。政府认定的传统服饰代表性传承人，为传承传统服饰做着各种努力。比如国家级非物质文化遗产代表性项目昌宁苗族服饰代表性传承人陶美元，从小随祖母、母亲学习从种麻到制成衣服的全过程，嫁到打平村后又跟着婆婆学，还多次到贵州、湖南等苗族聚居地区走访学习。在向前辈学习的同时，陶美元不断拓宽视野、广收徒弟，先后带出了200多名徒弟，其中杨发双不仅在学校建立了昌宁苗族服饰传承室，开展纺织、刺绣教学，还自行编写昌宁苗族服饰教材。①国家级非物质文化遗产代表性项目哈萨克族服饰代表性传承人金艾斯古丽·努尔坦阿肯，创办了伊宁市塔斯布拉克民族服装有限责任公司，设计开发出民族服饰产品430多种，远销哈萨克斯坦、吉尔吉斯斯坦、蒙古国、德国、土耳其等国家。②国家级非物质文化遗产代表性项目布依族服饰代表性传承人王菁，曾在北京学习服装设计，成为中级服装设计师后回到家乡，2005年组建贵州省兴义市布谷鸟民族实业发展有限公司，2011年投资建设布谷鸟民族文化风情园，2016年风情园内的布谷鸟布依族服饰博物馆建成开馆。她不仅带领布依族绣娘增收致富，还挖掘整理、研究开发、传承保护布依族服饰文化。③

三、传承模式

综观传统服饰的传承现状，主要有动态传承、静态传承两种模式。

动态传承模式因传承主体不同又分为几种类型，其中影响力较大、实效性较强的是通过培养、认定传承人，保护、传承、发展传统服饰。被政府认定的传承人具有公认的代表性、权威性、影响力，掌握传统服饰制作技艺，能够培养更多相关人才。政府通过规范流程，认定传统服饰传承人，授予其名誉，给予基金扶持和补贴。传承人需要积极开展形式多样的传承活动，培养后继人才；妥善保管

---

① 杨艳鹏.奏响边疆民族团结交响曲：保山市加快推进全国民族团结进步示范市创建纪实[N].云南日报，2020-10-15（06）.
② 周晓静，杨红.文旅融合中的非遗传承人[N].中国民族报，2020-02-14（06）.
③ 覃淋.王菁：布依山寨飞出的"布谷鸟"[EB/OL].（2019-11-21）[2021-06-02].http://jgz.app.todayguizhou.com/news/news-news_detail-news_id-115151150266676.html.

与传统服饰相关的实物和资料；配合相关部门进行传统服饰文化调查；参加传统服饰文化公益宣传等，促进传统服饰文化的传承与发展。①

静态传承模式主要指以博物馆、文化馆、展览馆等为主的相关机构，收集各类传统服饰实物，进行信息采集、文字整理、资料录入、分类归纳、陈列展示（分线上和线下两种）等工作。目前，我国既有学院派的北京服装学院民族服饰博物馆、江西服装学院中华服饰博物馆，也有永清服装博物馆、天津纺织博物馆、宁波服装博物馆、上海纺织服饰博物馆、南京云锦博物馆等地方博物馆，还有乡村旅游地的乡村博物馆等。

---

① 倪悦.黔中布依族服饰传承模式和发展探究：以六枝、镇宁地区为例[D].北京：中央民族大学，2021.

第十三章
中国乡村传统服饰与习俗保护和传承的困境

第一节 传统服饰与习俗淡出日常生活

中国服饰的巨大变革始于清末,传承了几千年的传统服饰在西方文化的冲击下渐渐远离人们的日常生活,被束之高阁。20世纪上半叶是我国服饰变革最猛烈的时期,也是我国服装最混乱的时期,传统的、改良的、西洋的、国人自创的,一波风潮起,一波风潮落。

洋装对我国近代服饰的影响主要表现在两方面:一是改良、变革我国传统服装结构,结合我国国情创造出服装新样式,如改良我国传统旗袍、创造出中山装;二是直接引进新的服装类型,如西装、连衣裙等。[1]

改良旗袍源于清代满族女性的旗袍,曾被满族、汉族女性普遍穿着。20世纪20年代,受到西方服饰的影响,人们在原旗袍的形制上加以改造,不断推陈出新。到20世纪30年代,旗袍已成为融中西方审美风格为一体而又具有典型中国传统风格的女服。改良旗袍保留了旗袍上下连属的长袍形制及右衽大襟、中式立领、盘结花扣等特点,但腰身收紧,左右腰线两侧下摆有很高的开衩。袖子有长袖、短袖、无袖多种。因穿着旗袍显得优雅、高贵、秀美,广受

---

[1] 赵芳.西服东渐:中国传统服装结构平面向立体的转化[D].呼和浩特:内蒙古师范大学,2013.

图 13-1　民国时期的旗袍

人们的欢迎。

中山装的起源主要有三种说法：一是由日本的学生装略加变化而成；二是以南洋华侨的"企领文装"为基础样式改进而成；三是上海裁缝按照孙中山的要求，参照日本陆军士官服加以改进制作而成。经过多次改进，中山装主要有以下特点：立翻领，领口装风纪扣；前中开襟，单排五粒纽；四个带盖的贴袋，下贴袋为"琴袋"式样，袋盖形状类似倒扣的中式笔架；三粒袖扣，四粒袋盖纽扣；后背整块无缝等。

民国时期，我国服装处于混杂阶段，中西服装同时存在，城乡情况虽有不同，但整体趋势是传统服装逐渐被西式服装代替。①

20世纪50年代以来，中国服饰变动非常大。初期受到政治影响，后来思想上的束缚得到解放，服饰发展有了相对的独立性，不再依附于政治；经济水平决定服饰的兴衰；服装款式自身创造、继承少，吸收、借鉴多；虽偶有传统服饰复兴热潮，但还是日趋走向衰落。②

随着交通的改善、经济的发展、文化的交流、审美的改变等，少数民族也逐渐改穿简便的现代服装，传统服饰因此渐渐淡出人们的日常生活，只在节日时作为礼服，或者在表演时穿着。

现在，因为许多人将改良旗袍、中山装视为礼服，在婚礼、会议等正式场合穿着，所以改良旗袍、中山装仍在流传；西装、连衣裙因制作简单、穿着方便等优势，目前广为流行。

---

① 傅维利.中华优秀传统文化：第5卷[M].大连：辽宁师范大学出版社，2016.
② 秦方.20世纪50年代以来中国服饰变迁研究[D].西安：西北大学，2004.

第二节　传统服饰制作技艺衰落或变异

传统服饰制作技艺之所以衰落或变异，一是受其自身局限性的影响，二是受到外来因素的影响。

有的传统服饰原材料非常厚实，适应原来所居高山的气候，如今迁居到相对温暖的平坝地区后，传统厚重面料的服饰不再适应新的生活环境；有的传统服饰穿戴不便、种类较少，不适应现在富于变化的生产生活方式和人们多样化的需求；有的传统服饰原材料匮乏，没有替代品，或者替代品难以达到原来的效果，使传统技艺无法传承；有的传统服饰制作技艺复杂，材料种类多样、工序繁复、制作周期较长、成本较高，掌握制作技艺的老一辈去世后，年轻一代只会其中一部分，甚至一点儿都不会。

机器生产的原材料和现代服装传入后，有的采用新材料制作传统服饰，使传统服饰质感发生变化；有的选择穿戴现代服装，不再制作传统服饰。传统服饰源于对自然和生活的热爱及对美的追求，外来文化传入后，现代美学法则使传统审美观念备受压力，都市生活让现代服饰显得更时尚，人们的审美标准发生变化，有的模仿外来服饰的纹样、色彩、结构、形制等，传统服饰因此丧失了原来的美学和文化内涵；有的认为传统服饰老土而改穿外来服饰，甚至追求所谓的"名牌"服饰，传统服饰制作技艺因此丧失了存在和发展的环境与空间。

部分传统服饰受人关注较早，人们对其进行了开发，但有的因过度商业化、产业化、工业化，使其外在变形、内在文化内涵缺失，有的还存在生产基础薄弱、产品种类单一、产品创新不足、产品质量低劣、门店发展滞后、市场份额较低、促销渠道不畅、制作人才匮乏等问题。

第三节　传统服饰与习俗传承主体凋零

冯骥才曾指出，非物质文化遗产是和人的活动息息相关的，是靠人传承下来的，如果从事民间艺术和技艺的艺人日益减少，遗产就要断绝了。

对于非物质文化遗产传承人的保护，我国已于 2008 年 6 月 14 日起开始施行《国家级非物质文化遗产项目代表性传承人认定与管理暂行办法》，其中第十二条规定："各级文化行政部门应对开展传习活动确有困难的国家级非物质文化遗产项目代表性传承人予以支持。支持方式主要有：（一）资助传承人的授徒传艺或教育培训活动；（二）提供必要的传习活动场所；（三）资助有关技艺资料的整理、出版；（四）提供展示、宣传及其他有利于项目传承的帮助。对无经济收入来源、生活确有困难的国家级非物质文化遗产项目代表性传承人，所在地文化行政部门应积极创造条件，并鼓励社会组织和个人进行资助，保障其基本生活需求。"[①]

《中华人民共和国非物质文化遗产法》第三十条明确了县级以上人民政府文化主管部门支持非物质文化遗产代表性项目的代表性传承人开展传承、传播活动的措施："（一）提供必要的传承场所；（二）提供必要的经费资助其开展授徒、传艺、交流等活动；（三）支持其参与社会公益性活动；（四）支持其开展传承、传播活动的其他措施。"

从实际情况来看，部分传统服饰（如塔吉克族服饰、达斡尔族

---

① 2019 年，文化和旅游部发布《国家级非物质文化遗产代表性传承人认定与管理办法》，其中第十七条对本段部分内容进行了修改。该办法自 2020 年 3 月 1 日起施行，《国家级非物质文化遗产项目代表性传承人认定与管理暂行办法》同时废止。

服饰、侗族服饰）虽被列入国家级非物质文化遗产代表性项目名录，但无代表性传承人；有的传统服饰虽被列入了国家级非物质文化遗产代表性项目名录，也有代表性传承人，但传承人年事已高，视力减退，身体状况欠佳，传承乏力、后继乏人。

其他两种传承主体——普通的服饰制作技艺掌握者，以及从事传统服饰制作和研究的个人、组织、机构等，大多承受着传承使命与经济负担的双重压力，特别是普通的服饰制作技艺掌握者，当制作传统服饰带来的实际价值很少或无法带来实际价值时，容易因经济压力转而从事其他行业。

传统服饰制作技艺大多不是一朝一夕即可学会，而是需要长时间的积累。对普通人而言，有的愿意学习制作传统服饰，但迫于生活的压力和现实的需求，有心无力；有的更喜欢现代服饰，对传统服饰不感兴趣。因此，新的传承主体范围更窄，更难培养了。

第十四章
中国乡村传统服饰与习俗保护和传承的策略

第一节　需求视角下中国乡村传统服饰与习俗的保护和传承

我国非物质文化遗产众多，学术界已经对非物质文化遗产保护和传承的原则、方式、存在的问题、对策、注意事项等做了许多研究。综观非物质文化遗产的历史，其产生和流传都是因为满足了当时人们的需求，现在衰落的原因之一也在于其不能满足现代人的需求。

传统服饰属于手工业。古代手工业大致分为官营手工业、私营手工业、家庭手工业三种。官营手工业于西周时期产生，由政府经营，大作坊生产，主要生产武器和供官府贵族消费的日用品，产品少量投放市场。私营手工业于春秋战国时期产生，由民间私人自主经营，唐代以前主要是农民家庭副业和城镇家庭小作坊，明代中后期大规模手工作坊和工场日益增多，主要制作民间消费的日用品，产品全部投放于市场。家庭手工业也于春秋战国时期产生，是农民的一种副业，主要供自己使用和缴纳赋税，剩余产品投放于市场。也就是说，古代手工业基本都是为了满足需求，其中一部分是面向市场需求，手艺人是为了谋生才从事手工业的。

需求拉动生产[①]，"生产"[②]才能保持传统服饰制作技艺的生命活力。从需求角度来说，让现代人都穿、常穿传统服饰已经不可能，可以考虑从以下两个方面进行尝试：对传统服饰及其现有需求进行研究、分析、解构，分别进行原型性再生产和创新性再生产，以保护整体流程、核心技艺；通过创造潮流、宣传、呼吁、倡导等"软""硬"结合的方式，促进文化自觉、文化认同的形成和发展，增强人们保护和传承传统服饰文化的意识，多在适当场合穿戴传统服饰，从而创造生产需求。将上述两方面结合起来，在保护和传承的基础上形成良性循环。

传统服饰的诞生源于人类的需求，在生产生活过程中产生，在生产过程中传承，在传承过程中生产。在不破坏传统服饰工艺流程、核心技艺、文化内涵的情况下，利用生产使传统服饰融入现代人的生活，满足现代人的物质和精神需求，使传统服饰在生产生活实践中得到积极保护，是一条值得尝试的路径。

另外，现代人的消费水平、审美观念、服饰用途等各不相同，再加上许多传统服饰制作工艺复杂，局部特别精致，耗时费力，针对这些情况，可以将传统服饰分为高、中、低三类，以满足不同人的需求。

---

① 此处"生产"是从供需角度来说的。
② 此处"生产"是指旨在保护和传承非物质文化遗产的"生产"。

第二节　中国乡村传统服饰的生产性保护

一、原型性再生产

顾名思义，原型性再生产是将原汁原味的传统服饰再次呈现在人们面前。它基于部分人追求完整性、原真性传统服饰的需求，也基于保护传统服饰传统生产方式、传统工艺流程整体性和核心技艺真实性的要求。

致力于传统服饰文化的传承者，取材于传统服饰的设计者，服饰博物馆、服饰专业院校的研究者，服饰活动的顾问专家，传统服饰的收藏者等，都应当对具有完整性、原真性的传统服饰进行研究。

服装学院的情景式教学场所应当有传统服饰原型，以便开展服装史、民族服装设计、饰品设计、面料设计、图案纹饰设计、陈列设计等课程；博物馆、文化馆、展览馆等场所的服饰展应当有传统服饰原型，以便展示真实的传统服饰，供人们参观、学习、研究；传统服饰售卖场所应当有原汁原味的传统服饰，以满足"识货"买家的需求。

为了保护和传承传统服饰原型，除了常见的民族服装公司、工作室制作和售卖传统服饰成品以外，人们在服饰材料方面也做了相当多的努力。比如被列入第一批国家级非物质文化遗产代表性项目名录的蜀锦，与南京的云锦、苏州的宋锦、广西的壮锦并称"中国四大名锦"。全国唯一一家保有全套蜀锦手工制作工艺的场馆是成都蜀锦织绣博物馆（蜀江锦院），其前身是成都蜀锦厂，现在致力于丝绸、织锦的研究，古蜀锦纹样的复制，现代蜀锦装饰和实用功能的开发，

蜀锦织造技艺

以及历代蜀锦经典纹样的限量织造。为了"生存"下去，也为了保护传统蜀锦工艺，成都蜀锦织绣博物馆用传统手工织机、20世纪80年代的木织机、现代数码织机3种机器同时开工，结果显示：虽然使用手工织机按照传统方式织锦耗时长、成本高，但织出的蜀锦比木织机织出的蜀锦精细，而数码织机生产的产品更接近印刷品。①

二、创新性再生产

历史上很多手工艺都是符合当时社会需要的，随着时代的变迁，有些传统技艺因失去现实价值而退出了历史舞台，有些传统技艺却因创新和发展而一代代传承下来。"传承、创新和市场是构成生产性保护的三要素，缺一不可。若没有传承，就没有了根基；若没有创新，就没有源源不断的动力；若没有市场，生产性保护就会落空。"②《关于加强非物质文化遗产生产性保护的指导意见》也指出："鼓励和支持传承人在传承传统技艺、坚守传统工艺流程和核心技艺的基础上对技艺有所创新和发展；鼓励和支持传承人在制作传统题材作品的同时创作适应当代社会需求的作品，推动传统产品功能转型和审美价值提升。"

作为非物质文化遗产，传统服饰具有历史价值、文化价值、艺术价值等，传承内容除了技艺，还有精神方面的因素。这是非物质文化遗产生产区别于其他工业化生产，以及一种非物质文化遗产区别于另一种非物质文化遗产的根本所在。所以在传统服饰的创新性

---

① 桂杰，唐琴."生产性保护"能否留住历史"活化石"[N].中国青年报，2012-03-01（11）.
② 刘晓春，冷剑波."非遗"生产性保护的实践与思考[J].广西民族大学学报（哲学社会科学版），2016，38（4）：64-71.

生产过程中，不能丢掉传统工艺流程、核心技艺、文化内涵，保护传统与创新发展并重是生产性保护必须坚持的原则。

对于因时代变迁而在现代社会失去"生存土壤"的传统服饰，可以通过创新，拓宽生产内容，实现其价值。比如赫哲族鱼皮制作技艺是赫哲族利用北方冷水鱼的鱼皮制作服装、饰物和其他生活用品的一种独特技艺，为了保护和传承这种技艺，赫哲族开发出鱼皮民族服饰、鱼皮工艺品、鱼皮剪纸等新产品，为鱼皮制作技艺的传承带来了新动力。[①]

对于过去因传统材料、设计、制作技艺、制作工具等不佳而不能体现文化内涵或不能做得更精致的传统服饰，可以通过改进、创新来提高产品的文化韵味和质量。比如少数民族刺绣，过去多用在自织的布上，现在服装面料多样，可以根据面料的硬挺、悬垂、柔软、轻重、厚薄等，混搭面料，创新应用刺绣，以提高服装的整体质感。刺绣图案可以应用到家居纺织品上，也可以与其他材料结合应用，制作新的艺术品。

对于有市场潜力的传统服饰，可以采取"项目+传承人+基地""传承人+协会""公司+农户"等模式，与文化旅游、民俗节庆活动等结合，促进其良性发展。对于现在传承状态较好的传统服饰，应当引导传承人坚持用天然原材料生产，保持传统工艺流程的整体性和核心技艺的真实性，并及时总结、推广经验，促进其有序传承。

---

① 朱以青.基于民众日常生活需求的非物质文化遗产生产性保护：以手工技艺类非物质文化遗产保护为中心[J].民俗研究，2013（1）：19-24.

三、宣传与推广

政府、文化人、传承人等生产性保护的参与者都有自己的诉求：政府的诉求较复杂，既追求文化效益、社会效益，也有经济效益方面的要求；文化人可能因生产性保护的社会文化效益而获益；传承人的基本诉求是获得经济利益，否则难以生存。因此，宣传和推广传统服饰，一是为了获得经济效益，实现传统服饰的活态传承；二是为了促进文化自觉的形成，实现传统服饰的良性传承。

生产性保护虽然不完全等同于产业化、商业化、市场化，但如果不能获得足够的经济利益，传统服饰的生产必然不能持续进行，也无法吸引从业者和学艺者，更谈不上活态传承。要想获得经济利益，就要考虑需求、生产、流通、消费体系的建构，通过宣传与推广促使消费者喜爱传统服饰，传承人愿意生产、研究、传承传统服饰。

"文化自觉"是费孝通于1997年在北大社会学人类学研究所开办的第二届社会文化人类学高级研讨班上首次提出的，他认为文化自觉是指生活在一定文化中的人对其文化有"自知之明"。对传统服饰来说，就是要通过宣传与推广，使社会大众认同传统服饰的价值，提高民众参与保护和传承传统服饰的意识，形成全社会主动参与保护和传承传统服饰的文化自觉。一旦人们有了保护和传承传统服饰的文化自觉意识，就会成为传统服饰的消费者，从而扩大传统服饰的市场需求，进而有助于传统服饰的生产性保护。

在全球化背景下文化交流进一步加强的今天，除了线上线下直接销售传统服饰、与文化旅游结合，传统服饰的宣传和推广还包括城乡传统服饰文化空间的营造，时尚潮流的创造，审美价值观的引导，保护传统服饰文化的倡导等。比如鲁锦，它因手工织造、纯棉质地、富有乡土气息和民族特色等而显得十分珍贵。近年来，鲁西南地区有关部门除了对鲁锦进行摸底调查，建立资料库，制订保护措施和规划，设立中国鲁锦博物馆，还多次举办鲁锦艺术品展览，参与大型非遗展览活动，将鲁锦产品纳入文化和旅游惠民消费季等，在保护与宣传鲁锦方面发挥了重要作用。

鲁锦织造技艺

四、扶持与管理

在扶持与管理方面，《关于加强非物质文化遗产生产性保护的指导意见》明确指出要落实扶持措施、加强引导规范、建设基础设施、坚持政府引导等，目前常见的是从政策、资金、组织、氛围等方面进行保障。

传统服饰的传承主体大多会面临税负过重、融资困难、场地缺乏等困难，在政策制定方面，应当协调税收、投融资、原材料管理等多方面的关系。生产性保护涉及传统服饰资源普查、产品设计、生产、流通等诸多环节，这些环节的顺利实施都需要充足的资金作为保障，应当针对有潜力的传统服饰项目给予社会资本参与生产性保护更多的优惠政策，推动传统服饰资源与金融资本的有效对接，优化对传统服饰企业的投融资支持与服务。对于一些市场面较窄的传统服饰项目，应当鼓励和帮助传承主体在保持核心技艺的基础上，对产品进行适度的设计和改良；或由政府提供销售、展出和宣传机会，帮助打开市场。对于保护和传承传统服饰所必需的文化空间，应当采取措施避免其动态传承性、地域风土性受损甚至消失。

在管理方面，由于生产性保护相关项目情况复杂、种类繁多，要在短期内制定出适用全国的规范性标准非常困难，应当充分利用地方政府、行业协会或者民间组织的力量，制定针对各类项目的管理规范和认定标准；针对市场主体，主管部门可以通过行政手段，要求其建立起适合自身发展的生产性保护反馈制度。①

在做好宏观调控的同时，政府应当采取措施调动传承主体的积极性，引导他们发挥自身的创造性，使生产性保护向专业化方向发展。一是为民众的需求而保护非物质文化遗产，才是保护非物质文化遗产的最终目的，调动传承主体的积极性，才能改变目前非物质文化遗产保护中政府主导、民众缺失或不足的现象；二是专业化不仅是现代社会生产的发展方向，也是提升传承人的核心技能、提高产品核心竞争力的关键。

第三节　中国乡村传统服饰与习俗的生活化传承

2001 年，中国昆曲被列入联合国教科文组织首批"人类口头和非物质遗产代表作"。按此时间计算，我国非物质文化遗产保护实践已有 20 多年的历史，积累了不少宝贵的经验，"见人、见物、见生活"是近年来非物质文化遗产保护工作的重要理念之一。2014 年，在山东济南召开的第三届中国非物质文化遗产博览会主题为"非遗——我们的生活方式"，标志着非物质文化遗产保护转入生活化保护，以往非物质文化遗产领域的"脱域"问题得到进一步反思，人们逐渐认识到非物质文化遗产保护并不仅仅是保护某项非物质文

---

① 岳青.生产性保护：活态传承的有益探索[N].中国社会科学报，2012-02-13（A06）.

化遗产自身，而是对文化生态链的保护，是对文化环境、文化空间、文化心理和文化情境的保护。[①]

非物质文化遗产最初产生于生产生活实践之中，与人们的生活息息相关，只是随着生活方式和生存理念的变化，慢慢变成了"遗产"，部分传统服饰与习俗也是如此。如果传统服饰与习俗不能与民众生活紧密相连，没有生活化传承，那么即使有生产性保护，也是难以持续传承的。

要实现传统服饰与习俗的生活化传承，可以从以下几个方面考虑：一是培育传统服饰市场。传承主体应当立足于现代生活，凝视现代生活需要，结合现代工艺，创造具有传统特色的新产品，刺激需求，培育需要，反过来带动生产。二是注意民众休闲的需要。现代人表演舞台剧、参加节日庆典或其他特定礼仪活动时仍穿着传统服饰，应当充分挖掘参与者的需求，打造服饰艺术节、传统文化节等休闲活动。三是创造传统服饰审美消费链。对传统服饰的文化内涵、审美形式进行符号化应用，以满足人们日常生活中的审美需求。四是加强保护传统服饰与习俗的认知。采取多种措施使民众知道传统服饰与习俗需要保护、如何保护，并提升相关理论研究水平。五是激活传承传统服饰与习俗主体的利益链。传统服饰与习俗的传承主体在民间，应当提高传承主体对传统服饰与习俗的认识，提升其设计创新能力，把握现实生活需要；地方政府在尊重非物质文化遗产本质的前提下，从制度上理顺各种关系，让民众主导民俗。[②]

---

①② 梁光焰.从观念到实践：非物质文化遗产的"生活世界"与生活化传承[J].民族艺术研究，2019，32（5）：121-129.

参考文献

REFERENCES

[1] 陈东生，甘应进. 新编中外服装史[M]. 北京：中国轻工业出版社，2010.
[2] 刘文，梅新林，陈玉兰. 江南服饰史[M]. 上海：上海古籍出版社，2017.
[3] 孙建君. 中国民间美术教程[M]. 天津：天津人民出版社，2005.
[4] 齐涛，李泉，赵世瑜. 中国通史教程：古代卷[M]. 3版. 济南：山东大学出版社，2004.
[5] 赵鲁宁，李子. 中国民间美术[M]. 成都：电子科技大学出版社，2018.
[6] 华梅. 东方服饰研究[M]. 北京：商务印书馆，2018.
[7] 冯尔康，南开大学历史学院. 师友述怀·序跋札记[M]. 天津：天津人民出版社，2019.
[8] 黄士龙. 中西服饰史[M]. 上海：东华大学出版社，2014.
[9] 崔荣荣. 汉民族民间服饰[M]. 上海：东华大学出版社，2014.
[10] 冯尔康. 古人社会生活琐谈[M]. 长沙：湖南出版社，1991.
[11] 卞向阳，崔荣荣，张竞琼，等. 从古到今的中国服饰文明[M]. 上海：东华大学出版社，2018.
[12] 刘广玉. 中国民俗风情地图[M]. 北京：中国时代经济出版社，2008.
[13] 国家统计局. 中国统计年鉴：2021=China Statistical Yearbook-2021：汉英对照[M]. 北京：中国统计出版社，2021.
[14] 国家民族事务委员会文化宣传司. 民族大家庭[M]. 海口：南海出版公司，1996.
[15] 芈一之. 芈一之民族历史研究文集[M]. 北京：民族出版社，2008.
[16] 中共齐齐哈尔市委宣传部，齐齐哈尔市社会科学界联合会. 闯关东精神暨关东历史文化研究[M]. 齐齐哈尔：[出版者不详]，2009.
[17] 顾凡颖. 历史的衣橱：中国古代服饰撷英[M]. 北京：北京日报出版社，2018.
[18] 邢莉. 中国少数民族服饰[M]. 北京：五洲传播出版社，2008.
[19] 吉林省地方志编纂委员会. 吉林省志：卷四十六：民俗志[M]. 长春：吉林人民出版社，1992.
[20] 王振夫. 历史在说[M]. 长春：吉林人民出版社，2006.
[21] 施立学，曹保明. 吉林民俗[M]. 兰州：甘肃人民出版社，2004.
[22] 吴必虎，刘筱娟. 景观志[M]. 上海：上海人民出版社，2013.
[23] 杜娟. 江西民间女红艺术[M]. 武汉：华中科技大学出版社，2017.
[24] 《中国少数民族》修订编辑委员会. 中国少数民族[M]. 修订本. 北京：民族出版社，2009.
[25] 杨圣敏，丁宏. 中国民族志[M]. 修订本. 北京：中央民族大学出版社，2008.
[26] 刘燕波. 故事云南[M]. 昆明：云南大学出版社，2018.
[27] 张永发. 中国苗族服饰研究[M]. 北京：民族出版社，2004.
[28] 中国特产大典编审委员会贵州卷编委会. 中国特产大典：贵州卷[M]. 贵阳：贵州人民出版社，2011.
[29] 张雷军. 张雷军学术文集[M]. 昆明：云南人民出版社，2011.
[30] 刘兴全. 中国西南少数民族文化要略[M]. 成都：四川人民出版社，2009.

[31] 阿旺丹增，平措顿珠.西藏自治区非物质文化遗产名录图典[M].拉萨：西藏人民出版社，2009.
[32] 刘守华，白庚胜.中国民间文艺学年鉴：2004年卷[M].武汉：华中师范大学出版社，2006.
[33] 汪欣.中国非物质文化遗产保护十年：2003—2013年[M].北京：知识产权出版社，2015.
[34] 荣跃明.文学与文化理论前沿[M].上海：上海社会科学院出版社，2016.
[35] 王文章.非物质文化遗产概论[M].修订本.北京：教育科学出版社，2013.
[36] 傅维利.中华优秀传统文化：第5卷[M].大连：辽宁师范大学出版社，2016.
[37] 王文光，朱映占.中国西南民族史研究论纲[M]//何明.西南边疆民族研究：7.昆明：云南大学出版社，2010.
[38] 王蕊.政治制度和社会价值对中国古代服饰演变的影响[J].沈阳农业大学学报（社会科学版），2010，12（2）：250-252.
[39] 林琳."程朱理学"对宋代服饰审美特点的影响[J].兰台世界，2015（24）：43-44.
[40] 崔璨.中国传统服饰的色彩演变及影响因素分析[J].山东纺织经济，2017（7）：42-44.
[41] 闫晶，范雪荣，吴微微.畲族古代服饰文化变迁[J].纺织学报，2011（2）：112-116.
[42] 胡瑞波，徐人平，索昕煜，等.从功能到符号：花腰傣服饰特征分析[J].郑州轻工业学院学报（社会科学版），2011，12（4）：53-56.
[43] 李期博.哈尼族妇女服饰及其审美内涵[J].民族艺术，1996（4）：168-174.
[44] 魏晓红.工布藏族服饰特征及其文化内涵[J].河南工程学院学报（社会科学版），2011（3）：84-87.
[45] 崔荣荣.中国传统纺织服饰图案研究述评及价值阐释[J].包装工程，2022，43（6）：11-23，401.
[46] 杨军.少数民族服饰文化的保护与传承研究[J].西南农业大学学报（社会科学版），2013，11（6）：57-61.
[47] 玉时阶，玉璐.广西少数民族服饰文化现状与传承保护[J].广西民族师范学院学报，2012，29（4）：1-8.
[48] 李荣启.论非物质文化遗产抢救性保护[J].中国文化研究，2015（3）：9-19.
[49] 靳璨，梁惠娥.江苏传统服饰手工技艺的价值认同路径研究：从"生产性保护"到"生活化传承"[J].艺术百家，2020（3）：77-81，89.
[50] 刘晓春，冷剑波."非遗"生产性保护的实践与思考[J].广西民族大学学报（哲学社会科学版），2016，38（4）：64-71.
[51] 朱以青.基于民众日常生活需求的非物质文化遗产生产性保护：以手工技艺类非物质文化遗产保护为中心[J].民俗研究，2013（1）：19-24.
[52] 梁光焰.从观念到实践：非物质文化遗产的"生活世界"与生活化传承[J].民族艺术研究，2019，32（5）：121-129.
[53] 陈卓.中国婚礼服色彩、款式的文化研究[D].西安：陕西师范大学，2015.
[54] 高星.民族服饰色彩的地理文化透视[D].武汉：湖北美术学院，2007.
[55] 孔令奇.花腰傣服饰品艺术研究[D].昆明：昆明理工大学，2008.
[56] 倪悦.黔中布依族服饰传承模式和发展探究：以六枝、镇宁地区为例[D].北京：中央民族大学，2021.
[57] 赵芳.西服东渐：中国传统服装结构平面向立体的转化[D].呼和浩特：内蒙古师范大学，2013.
[58] 秦方.20世纪50年代以来中国服饰变迁研究[D].西安：西北大学，2004.
[59] 潘晓华，孔卿媛.乌毡帽，"顶"上的风情[N].绍兴日报，2017-08-16（11）.
[60] 李金梅.多彩的达斡尔族服饰[N].呼伦贝尔日报，2015-08-11（07）.
[61] 王苹.珞巴族服饰之美[N].人民政协报，2019-05-30（12）.
[62] 杨艳鹏.奏响边疆民族团结交响曲：保山市加快推进全国民族团结进步示范市创建纪实[N].云南日报，2020-10-15（06）.
[63] 周晓静，杨红.文旅融合中的非遗传承人[N].中国民族报，2020-02-14（06）.
[64] 桂杰，唐琴."生产性保护"能否留住历史"活化石"[N].中国青年报，2012-03-01（11）.

[65] 岳青.生产性保护：活态传承的有益探索[N].中国社会科学报，2012-02-13（A06）.
[66] 佚名.土族的服饰[EB/OL].（2017-10-16）[2021-06-02].http://www.huzhu.gov.cn/info/1043/2853.htm.
[67] 覃淋.王菁：布依山寨飞出的"布谷鸟"[EB/OL].（2019-11-21）[2021-06-02].http://jgz.app.todayguizhou.com/news/news-news_detail-news_id-11515115026676.html.
[68] 中国非物质文化遗产网[EB/OL].https://www.ihchina.cn/.

后记

AFTERWORD

非物质文化遗产是我国各族人民宝贵的精神财富，与人民群众的生产、生活联系紧密。传统村落中的非物质文化遗产是中华优秀传统文化的重要组成部分，在老百姓的娱乐活动、精神信仰、社会关系，以及生态建设、村落风貌等方面，有着不可替代的作用。

"中国传统村落文化抢救与研究·非物质文化系列"（融合出版含视频）以传统制作工艺与装饰艺术、婚丧习俗、服饰与习俗、游戏与体育、岁时民俗与民间信仰、饮食与仪式、音乐与戏曲、民间神话传说等方面为切入点，使世代传承或正在演变中的非物质文化以全新的姿态走入大众视野，显示了作者对中国传统村落的历史研究和现实关怀。

我们试图对中国传统村落中的非物质文化进行一次科学梳理、抢救性记录和示范性活化，通过深入挖掘、整理、保护、传承和发展优秀民族文化遗产，研究、阐释中华优秀传统文化蕴含的思想观念、人文精神、道德规范，推动构建中华优秀传统文化传承发展体系，积极推进中华优秀传统文化创造性转化和创新性发展。

为了更好地扩大非物质文化遗产的影响力以及满足读者不断提高的阅读需求，我们联合中央新影集团北京发现纪实传媒有限公司开发制作非物质文化遗产类的短视频，以二维码形式嵌入书稿中，全力打造融合出版物，力求全方位、立体式、多样化地呈现非物质文化遗产保护的丰硕成果。

"中国传统村落文化抢救与研究"系列丛书于2016年入选了国家新闻出版署"十三五"出版规划。该丛书从文化区、非物质文化、物质文化三个方面全方位阐释中国传统村落文化。非物质文化系列作为第二辑，于2023年成功付梓。感谢参与编写本套丛书的每个人，大家的努力与付出，促成了图书的成功出版。

中华文明根植于农耕文化，传统村落是中华文明的基本载体，非物质文化要从村落文化汲取营养，把传统村落的保护传承和开发利用结合起来。此类图书的出版，有着刻不容缓的紧迫性和特色鲜明的时代性，希望本套丛书的面世，能够让更多的人热爱非物质文化遗产，关注村落文化。受环境、时间、研究方向等各种因素所限，本套丛书无法做到至善至美，还望各位读者海涵，同时也希望后来者能够不断完善此类著述。

丛书编委会
2023年3月